考古学リーダー8

# 黄泉之国再見

## ―西山古墳街道―

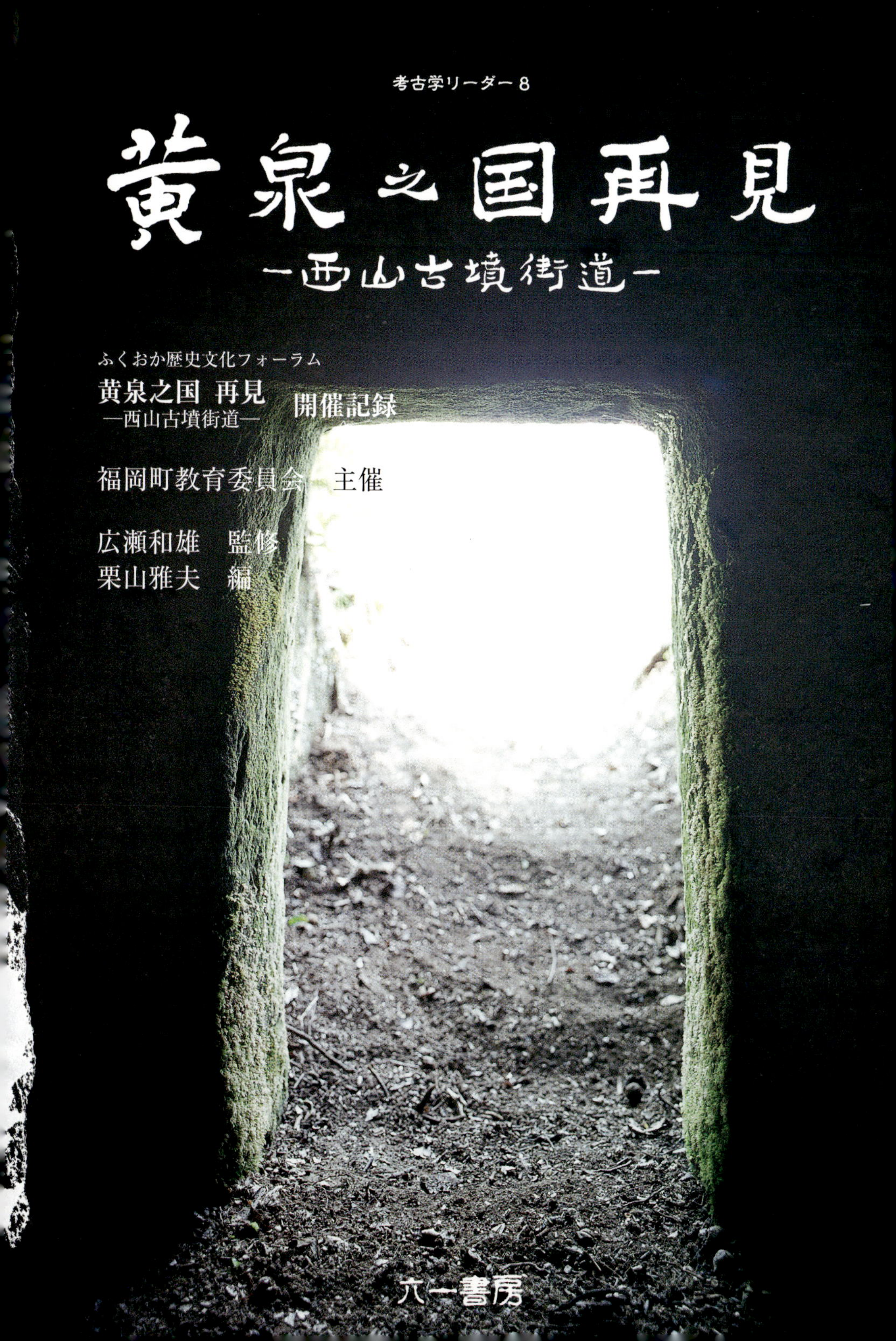

ふくおか歴史文化フォーラム

**黄泉之国　再見**
―西山古墳街道―　**開催記録**

福岡町教育委員会　主催

広瀬和雄　監修
栗山雅夫　編

六一書房

キトラ古墳北壁玄武記録写真の変遷

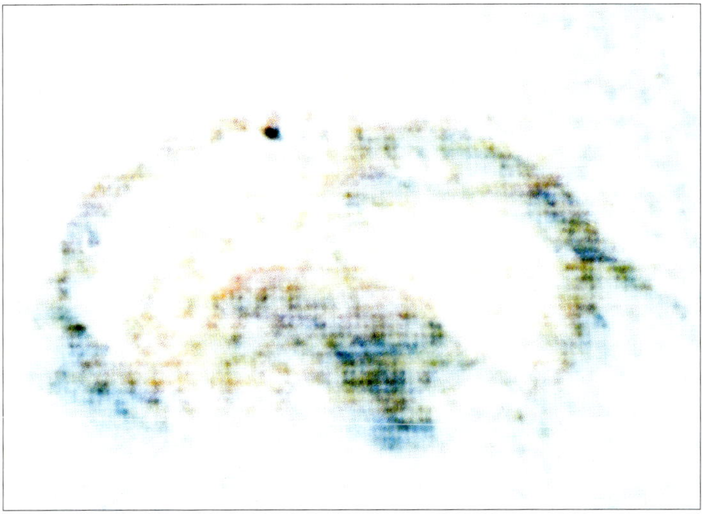

1983 年撮影の玄武像（3 万画素）

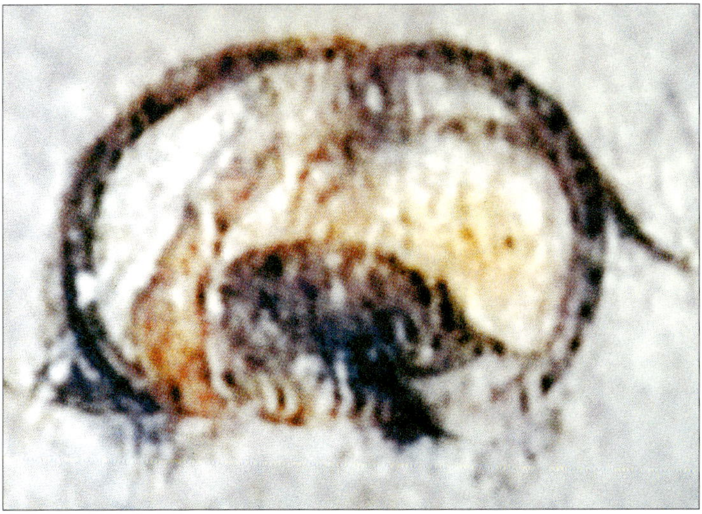

1998 年撮影の玄武像（40 万画素）

2001 年撮影の玄武像（400 万画素）

2004 年撮影の玄武像（1600 万画素）

# 刊行にあたって

平成16年9月に富山県福岡町総合町民センターで開催いたしましたふくおか歴史文化フォーラムの第2弾「黄泉之国再見―西山古墳街道―」の内容が、六一書房の考古学リーダーの8冊目として刊行されることとなりました。

このイベントは体験学習と遺物展示、フォーラムの三本柱で実施されました。その目的は、文化財を活かしたまちづくりについて「聴いて」「見て」「触る」機会を提供することにあり、当日は老若男女がつめかけて文化財を体感して頂く機会となりました。

テーマ設定の場所として取り上げました西山丘陵は、福岡町の両隣にある高岡市と小矢部市に跨る丘陵地帯です。町では、丘陵一帯に残された文化財や自然遺産をまちづくりに活かすために、「西山歴史街道」というコンセプトを掲げて整備基本構想をまとめるための委員会を発足させています。フォーラムの成果の一部は、この基本構想にも反映されることになっており、それらの結節点ともいうべき内容について余すことなく本書に盛り込むよう努めました。地域における文化財の在り方を考える際に、本書が多くの方々に共感を得、また少なからず示唆する内容であることを願っております。

最後になりましたが、対談・座談会において「主役」を演じていただいた広瀬和雄先生には、勤務先の異動も重なり多忙な日々をお過ごしにも拘らず、快く監修の労をお引き受け下さいました。ここに記して謝意を表します。さらに、井上直夫先生、谷本亙先生、西井龍儀先生には、フォーラムから本書の刊行に至る長期間に渡りましてご尽力を賜り、紙上でありながらフォーラム当日以上の密度の濃い内容を備えて刊行することができました。心より感謝申し上げまして発刊のことばとさせていただきます。

福岡町長　石澤義文

# 例　　言

1. 本書は、2004 年 9 月 11 日に富山県福岡町総合町民センター（U ホール）で開催された「ふくおか歴史文化フォーラム」の開催記録である。

2. 本書は、当日口頭発表のテープ起こしと解説図録を基に、各報告者が加筆修正したものを高岡市教育委員会（旧福岡町教育委員会）栗山雅夫が編集し、国立歴史民俗博物館　広瀬和雄が監修したものである。

3. フォーラムの日程は次のとおりである。

**2004 年 9 月 11 日**（土）

10：00　ワークショップ開場

12：30　フォーラム開場

13：00　遺物展示開場

13：30　開演　オープニング映像

13：40　第 I 部　古墳を知ろう

対談『前方後円墳国家』を読む

広瀬和雄（奈良女子大学　教授　※当時）

片山あさの（フリーアナウンサー）

特報　キトラ古墳を覗いてみると…

井上直夫（奈良文化財研究所　専門職員）

14：50　第 II 部　西山歴史街道をゆく

報告　西山古墳街道（映像紹介）

西井龍儀（富山考古学会　副会長）

討議　遺跡＋整備＝魅力

広瀬和雄

谷本　亙（（財）地域振興研究所　主任研究員）

栗山雅夫（福岡町教育委員会　文化財保護主事　※当時）

片山あさの

15：50　質疑応答　16：00　総括　16：10　閉会

**2004 年 9 月 11 日**（土）〜**9 月 20 日**（月）

出土遺物展示会（U ホール内イベントホール）　「古世紀再訪」

4. 2005 年 11 月に福岡町は高岡市と合併し、新たに高岡市となったがフォーラムは 2004 年に開催されたので旧町名で表記している。

# 目　次

# はじめに

# 西山歴史街道へのみち

西山丘陵の山並み

# 西山歴史街道へのみち

福岡町教育委員会（当時）　栗山　雅夫

## はじめに

小矢部川左岸に広がる西山丘陵は、標高 200 m 程度で小矢部市―福岡町―高岡市にまたがっている。西を砺波山丘陵、東は二上山丘陵と接する丘陵は、古くから様々な面で結びつきを持っており、歴史文化的にみて一つのまとまりとしてとらえることが可能な地域といえよう。

この丘陵一帯では、遺跡のメッカと呼べるほど埋蔵文化財包蔵地が確認されており、指定文化財として保護の対象となっているものも少なくない。特に、古墳や横穴墓、中世城館の分布は県内でも指折りの質と量を誇るものである。さらに、古代の北陸道は丘陵裾を通って高岡市伏木にある越中国府へと続いていたものと推定されている。この北陸道については、「山根往来」と呼ばれる旧道がその名残と考えられており、幾多の歴史に彩られた地域といえる。

福岡町教育委員会では、この地域の魅力を掘り起こし「歴史のストックを活かしたまちづくり」の実現を目指して 8 名の委員からなる富山福岡西山丘陵整備基本構想策定委員会を平成 16 年に立ち上げ、平成 17 年度には報告書として取りまとめている。

ここでは「西山歴史街道へのみち」と題して、その魅力にはどのようなものがあるのか、そして整備構想とはどのような方向を向いて作られているのかについても触れることで、歴史文化フォーラムの位置づけを明らかにすることとしたい。

## 遺跡の分布

西山丘陵には一体どのような遺跡がどれほど存在するのだろうか？

これまでに確認されている遺跡数は、町全体で112箇所（平成17年現在）あり、その4割にあたる48遺跡がこの地域に所在している。さらにその4割にあたる20遺跡が古墳・横穴墓であり、富山県指定史跡の城ヶ平横穴墓群や町指定史跡の加茂横穴墓群がある。さらに、中世城館も6箇所確認されており、赤丸城、鴨城は町の史跡に指定されている。

丘陵裾に広がる平野部では、分布調査によって古代・中世・近世の遺物が表採されており集落遺跡の存在が推定される。こうした遺跡分布ひとつをとっても、この地域の特質の一端をうかがい知ることができるといえよう。そして、このことは次頁に紹介するような城館遺跡分布図や古墳・横穴墓の分布図をみると、遺跡がいかに西山丘陵を中心として所在しているか視覚としても理解できるのではないだろうか。

## 自然と遺跡

近年、自然災害が各地で猛威をふるって、大きな被害が出ているニュースを耳にする機会が少なくない。中には人災と呼べる事例もあるようだが、その原因とされる根本に自然環境があることは事実である。高度文明社会と呼ばれる現代においても、人間は自然という掌の中で暮らしていることを実感するのは、こうした自然災害に直面し、天災という言葉が今もなお生きていることを知った時であろう。

阪神淡路大震災の被災状況を分析すると、甚大な被害を受けた地域には、縄文時代の集落遺跡がほとんどみられなかったという研究成果がある。このことは、当時の人々が自然災害から適切な距離感を保つ生活の知恵を持っていたことを示すとともに、古くから生活の場であった地域＝遺跡は、自然と人間生活の調和に関する情報を有している可能性を示唆するものとして注目されよう。単純化すれば、人間が自然との距離を誤って、限度を超えた開発を行なえば自然災害のリスクが高まるということになるだろうか。

ところで、地中に埋もれている遺跡は、埋蔵文化財というその名が示すと

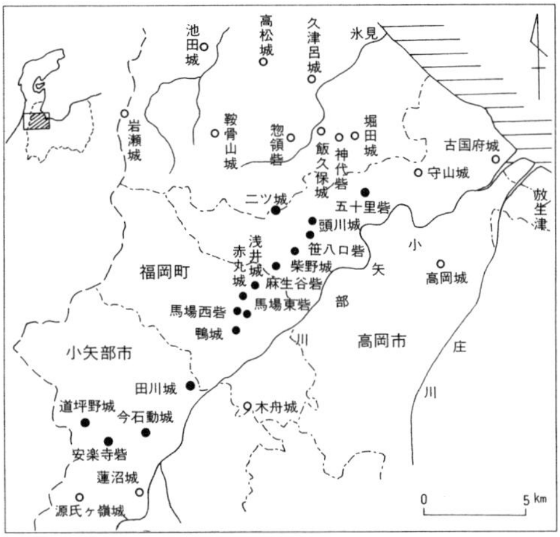


**図１　小矢部川左岸地域周辺の城館遺跡**（高岡 1993）

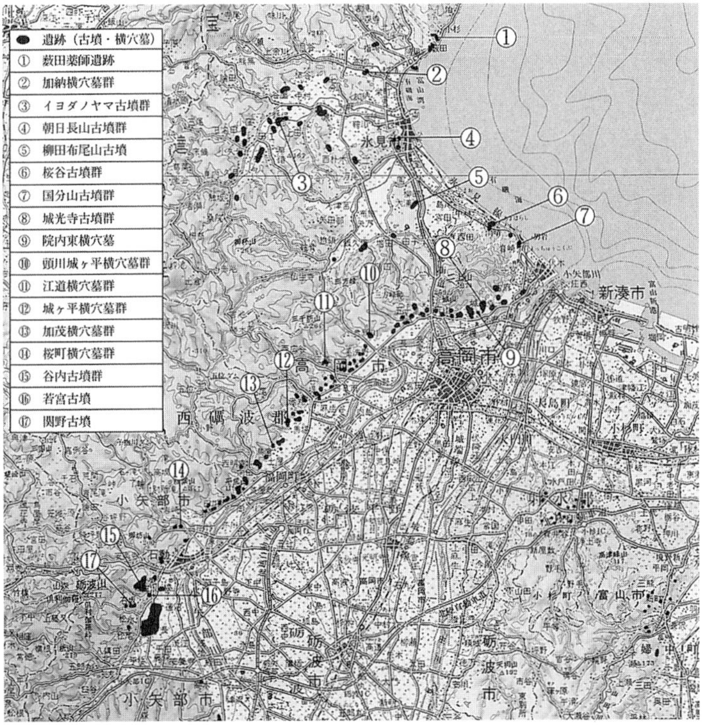


**図２　西山丘陵周辺の古墳横穴墓分布図**（栗山 2004）

おり、地中に埋蔵されているために内容を理解するには多くの困難を伴う。そこで、ちょっと目線をずらして、現在の集落を眺めてみることにすると…。

例えば福岡町内では、小矢部川があって、広い水田地帯があって、山際を道路が走り、その道路に沿って集落が一定間隔で点在し、集落背後の山裾では畑を耕し、場所によっては菅田があり、谷あいからはきれいな水が流れ出て飲用され、植林された山は奥へいくと雑木に変化して山菜の宝庫となる。こうした、豊かな生活環境を昔の人も見逃すはずがない。

遺跡は、人の活動痕跡を何らかの形でとどめたものであり、人間の存在を抜きに語ることはできない。前掲地図に示された遺跡の集積状況は、その基盤となる集落が長く営まれたことを示している。このことは、自然との距離感も適度なものであったことを表しているものと考えられる。

## 丘陵整備への道程

西山丘陵一帯は、埋蔵文化財だけでなく天然記念物なども含めた多様な文化財が存在することに特徴が認められる。さらに、文化庁が平成12年から15年にかけて実施した、「農林水産業に関連する文化的景観の保護に関する調査研究」の結果、国の文化的景観の重要地域として、「福岡町の菅田と菅干し」が、県内5箇所のうちのひとつとして選定されている。

こうした要素を取りまとめた視点でまちづくりに活かす取組みは、対象地域が広範囲に及ぶ上、多分野にわたることから、実行に移すには多くの課題があって、実現するのは到底無理ではないかという考え方があったほどである。

一方で、福岡町では生涯学習的な側面から文化財全般に対する理解と関心がこれまでにない高まりを見せるとともに、さらにまた、市町村合併に伴う論議が盛んになるにつれて地域の独自性を歴史や文化に求め、考える機会も増えた。

こうした機運は、公聴会などで西山丘陵の整備を求める意見が寄せられるなど、住民の要望としても現われ始めた。平成15年8月に町が実施した町民意識調査にも「将来の住みよいまち」として重視すべき事柄として、「美しい自然や歴史文化、町の活気など福岡町の良さを広くアピールする」が第2位に入っており、西山丘陵を整備してほしいという意見も寄せられていた。このように、住民が長年にわたって培ってきた意識の中には、西山丘陵が一定の位置を占めているということが理解できよう。そして、近年の動向を踏まえつつ、町内外の方々が憩うことのできる場所として、何らかの整備が施されることを住民が望んでいることがわかる。

こうした意見を踏まえると、西山丘陵整備とは、言わば住民の「夢」のような性質を持つものであり、まちづくりの範疇に属する事柄でもある。これを事業化するには、長期的な視点が不可欠であり、さらに文化財を活かすことを想定するならば、地に足がついた計画として進めることを企画段階で意識した。例えば、通常の史跡整備では、一つの古墳について、基本構想→基本計画→実施設計→整備工事着手と進むのがオーソドックスな手法である。場合によっては、構想と計画が同時に進められることもある。西山丘陵整備もこの手順を踏襲して、まずは基本構想を策定することとした。

構想をまとめるにあたり、平成16年7月には、有識者と公募委員による「富山福岡西山丘陵整備基本構想策定委員会」を立ち上げ、基本構想の策定に向けて本格的に動き始めた。そして、基本構想をとりまとめる中で、関連する調査や周知のための広報活動も開始した。そうした成果のひとつが、本書で紹介するこのフォーラムである。

**写真1　委員会現地確認状況**

**写真2　委員会会議状況**

はじめに

**魂**

整備構想のキーワードは、「西山歴史街道」である。このイメージをどのように形にしていくか。

それには、まず西山丘陵をどう整備し活用するのか方向性を定める必要がある。骨組みを作り、肉付けを行なうよりも前に、魂を込める作業といえよう。最も大切な魂にあたるものが次に紹介する基本理念である。

【基本理念】

“みちくさ”

～歴史にふれ、自然に親しみ、くらしを感じる道～

「西山歴史街道」

基本理念としての「みちくさ」には、以下の意味が込められている。

①西山丘陵とその山裾の道を訪ね、歩く人々が多くの文化財や地域の文化について知り、学習するために、あるところでは立ち止まって物を見、あるところでは景色を眺めるという、ゆったりした時間の過ごし方、いわば「まわり道」をすることで、景観も含めたこの地域の価値を再認識するための「**みちくさ**」。

②西山歴史街道の原型は、古道の「山根往来」から続く歴史の道であり、そこに寄り道することで、忘れかけていた暮らしの「懐かしさ」や「郷愁」を感じることができるという意味での「**みちくさ**」。

③そして『みち』＝「未知」、すなわち知らないものに出会える場という意味での「**みちくさ**」。

この基本理念の背景には、西山丘陵には豊かな自然、古くからの街道、人々の暮らしが息づく集落、それらを包含した美しい景観があって、私達共有の財産であるという考えがある。こうした共有財産としての価値を踏まえたうえで、整備にあたっては豊かな自然を活かしながら、そこを訪れる人々が今に生きる歴史や生活に直接触れ、理解し、多くの事柄を学ぶことができることを目指す。そのためには、丘陵の崩壊や風化を避けられるよう、適切な整備を実施するとともに、散歩や憩いの場・交流の場として活用できるようにすることが望ましいといえよう。

理念として掲げた「みちくさ」は、子供にとっては楽しいことである。大人にとっても若干の後ろめたさを伴いつつ、胸の奥ではざわめきのようなものを感じるのではないだろうか。みちくさは、すべて悪いことではない。そして、子供の特権でもない。人生については、子供も大人もよく遊び、よく学び、よく働き、よく楽しみたいものである。そして、これらを創出する場所のひとつとして、西山歴史街道の整備を実現していけば素敵なことではないかという意味を込めている。

### 骨組み

魂の次は骨組みである。基本構想自体は、骨組みを作ることそのものが目的のようなものである。骨組みがしっかりしていないとどんなに上手く肉付けしてもバランスの悪いものになってしまい、違和感を生じることになるだろう。そこで、魂に続いて、頑強な骨組みを作るために、これまでにわかっていたことや、新たに行なった調査の成果をもとに、①歴史考古学的な課題、②社会条件からの課題、③自然条件からの課題として条件整理を行なった。

この整備構想は「文化財を活かしたまちづくり」を目指しており、そのために基本理念とともに、基本方針についても次の7方針を設定している。

**方針1：歴史や景観を活かした新しいまちづくりの骨格づくり**

- 西山丘陵沿いの道は、広域的にみても古くからの「北陸の道」を感じることのできる数少ない場所であることを認識し、その保全と整備に努める。
- 歴史街道沿いの丘陵の緑やその山裾の家並み、水路、菅田などが連なる美しい景観を活かしたまちづくりを進めていく。

**方針2：ゾーニングによるエリアごとの性格づくり**

・西山丘陵全体の基本理念のもとエリア（ゾーン）ごとの整備の特色が出るようテーマ（性格）を決定し、それに基づいた整備をしていく。

**方針3：歴史的遺産の「保存」と「活用」**

▶保存

・文化財は自然災害による地形の損壊、来訪者による破損がないよう維持管理を行なう。

・文化財が持っている本来の姿を喪失しないよう整備を行なっていく。

・詳細な規模やどのような遺物があるのかなど、学術上必要な調査を行なう。

▶活用

・総合的に歴史街道や文化財を理解するための学習の場を設け、公開・活用していく。

・歴史民俗資料館などの施設を利用して、歴史街道や西山丘陵に関する展示コーナーを設置する。

**方針4：緑豊かな自然環境の保全・活用**

・丘陵の豊かな自然環境を積極的に保全していく。

・丘陵の貴重な植物の生育環境を乱さないように、保護、保全していく。

・地域住民や来訪者の憩いの場としても活用していけるよう整備していく。

**方針5：広域的なネットワークづくり**

・丘陵の文化財を福岡町のその他の文化財や中心市街地ともリンクさせて、広域的に魅力を高める。

**方針6：地域のくらしや文化の「保存」と「活用」**

・地域の文化である菅田や菅笠づくりを後世に伝えられるよう保存していく。

・歴史街道を歩きながら里山のくらしにもふれられる場所を設ける。

**方針 7：住民参加による文化財の「活用」「維持管理」**

・地域住民と行政が、文化財や自然環境の重要性について認識し、お互いに協力しながら住民参加による維持管理を進めていく。

・来訪者に文化財や自然環境について案内ができるボランティアスタッフを育成していく。

## おわりに

これまで述べてきたように、西山歴史街道にはたくさんの魅力の素が眠っている。埋蔵文化財に関していえば、例えば富山県指定史跡「城ヶ平横穴古墳」は、今から百年あまり前の明治 41 年（1908）に発掘されたもので、その出土品もさることながら富山の考古学史にとっても重要な遺跡といえる。マスコミ報道により、現地には多くの見物人とともに、著名な学者も調査に駆け付けており、考古学フィーバーの先駆けのような遺跡である。

そして、埋蔵文化財はその魅力の一面でしかないことも、これまでの説明で理解していただけたのではないだろうか。先に自然災害のことを書いたが、一方で恩恵を与えてくれるのも自然である。春は山菜採り、初夏には菅干しや蛍を見、秋にはきのこ狩りや作物を収穫し、冬は雪遊び…里山が多く残されている西山丘陵では、自然の恵みを享受するのにも事欠くことがない。

より多くの人々が、この構想は有意義なものであると認識し、実現に向かって動き始めることを願いながら、道を切り開いていきたいと思う。

### 引用文献

高岡　徹　1993「富山県小矢部川左岸地域における中世山城とその性格 ―城郭の視点から見た中世地域史の様相―」『富山市日本海文化研究紀要』第 6 号　富山市教育委員会富山市日本海文化研究所

栗山雅史　2004「考古資料にみる西山古墳街道」『黄泉之国再見―西山古墳街道―』ふくおか歴史文化フォーラム図録　福岡町教育委員会

# 第Ⅰ部

# 古墳を知ろう

大阪府大山（仁徳陵）古墳〈堺市博物館写真提供〉

# 『前方後円墳国家』を読む

奈良女子大学教授（当時）　広瀬　和雄
フリーアナウンサー　片山あさの

**片山**：それでは第Ⅰ部を始めたいと思います。まずは古墳についていろいろなことを知りましょう。お話をお伺いするのは広瀬和雄先生です。どうぞ拍手でお迎えくださいませ（拍手）。

広瀬先生は奈良女子大学の教授をしていらっしゃいます。どうぞお座りくださいませ。

ようこそ。広瀬先生は福岡町には何度かいらっしゃっているのですか。

**広瀬**：２回目です。

**片山**：２回目ですか。古墳はごらんいただきましたか。

**写真１　対談風景**

写真２　この資料の表紙

広瀬：この資料の表紙にある横穴墓をむちゃくちゃ暑い時に。

片山：むちゃくちゃ暑い時。真夏でしたでしょうか。

広瀬：ええ、登って見てきました。

片山：そうでしたか。今お話の中に横穴墓という言葉が出ました。横の穴のお墓と書くのですけれども、また後ほどお勉強をしていく中にこの言葉も出てまいります。今日のお話しの中心のひとつはこの横穴墓になるかと思います。

ところで、先生は考古学をご専門になさっているということなのですが、考古学といってもすごく幅が広いと思うのです。先生はどんなことを研究なさっているのですか。

広瀬：私は主に弥生時代と古墳時代の研究をしています。最近、年代が問題になっていて、いろいろ議論がありますが、大体紀元前 10 世紀ぐらいになって初めて現代の日本の原型というのですか、水田、田んぼで米を作り出す。そこから以降を弥生時代と言うのですが、それから今日のお話にあるこの横穴墓が造られた７世紀ごろ、その中でも特にやはり古墳時代がけっこう好きなので、勉強しています。

片山：先生がいろいろお書きになっているものを拝見したりしますと、出てきた物や古墳から社会とか大きな国家とか、そういったものに広げてご研究をなさっていると感じたのですが。

**広瀬**：最初は私も行政にいて、道路や学校や住宅団地などの建設のためにやむをえず壊される遺跡の調査をしていました。そのときは出てきたものに一つ一つ説明を与えたいなという研究をしていたのですが、だんだん年をとってきて、もう考える時間がそんなに無いなと思い出してからは、もう少し大きなことを考えようと思いまして、今は国家や都市、カミ観念、そういうものを理論化しようとしているのですが、難しいですね。それはなぜかというと、最近ようやく考古学の役割とか、考古学は歴史学だと思うのですが、歴史学の役割というか、歴史学の有効性というものがだんだん分かってきたのです。こう言うと横柄ですが、それは何かというと、結局私などがずっとやってきて、皆さんもそうだろうと思うのですが、知りたいのは今を知りたいわけです。現代。現代社会とは一体何だろうということが知りたい。なぜ人間は国家を造ったのかとか、戦争をするのだろうとか、都市に集住するのだろうかとか、そんなことも含めて現代社会を知りたい。

現代社会というのは過去からの積み重ねです。この図録にも書いておいたかちょっと記憶がないのですが、現代というのは過去の積み重ねというか、結果なのです。その結果としての現代をよりよく知ろうと思えば、その原因は過去の中にしかないだろうと。つまり、結果としての現代の原因を過去に探る学問が歴史学、つまり考古学だという結論に達したのです。そうすると、私は何が知りたいかというと、偶然この日本に生まれたにしても、この国家の中でしか生きていけないという問題がありますね。最近はいろいろ戦争の問題もありますが、そういう国家という、個人を集団の中に縛りつけるシステムとは一体何だろうかと。それはやっぱりできたところ、つまり起源まで探れば何か分かるのではないかと思って国家というものを勉強して、今日のこのタイトルにもなっています『前方後円墳国家』という本を書いたのです。長くなってもいいですか。

**片山**：どうぞ。お話しいただいて。

**広瀬**：もう一つは、この福岡町はそれほどでもないと思うのですが、私は京

表1　弥生都市と農民集落（広瀬 2003b）

| | 弥生都市 | 農民集落 |
|---|---|---|
| 人　口 | 数百人～千数百人、二千人？ | 20 ～ 30 人ほど |
| 職　掌 | 多彩な手工業、農耕、漁撈、狩猟、首長、司祭、渡来人？ | 農耕、漁撈、一部手工業 |
| 宗教関係 | 神殿、絵画土器、祭祀遺物 | ほとんど存在しない |
| 首　長 | 塀に囲繞された居宅、大型建物、威信財 | 存在しない |
| 囲繞施設 | 環濠（ない場合もある） | 存在しない |
| 備　考 | 異質性・長期性が特徴、都市型昆虫、少数（旧国単位で１～２ヵ所程度） | 同質性・短期性が特徴、ごく一般的に存在 |

都に生まれて京都に育っているのですが、いろいろなところに呼ばれたり、自分で調査に行ったりすると、日本は広いですよね。いっぱい土地があるのに、なぜ狭い所に集まって住むのだろうと。いろいろなあつれきもありますね。近所がうるさいとか交通の問題とか騒音の問題とか、いろいろデメリットがあるにしても人間は都市に住んでいる。この都市というのは一体いつごろからどういう原因ででき上がったのだろうということを今考えていまして、「弥生都市」という概念を出しています。学界では袋だたき状態でなかなか定着しませんが、弥生時代の都市などということを言っています。

それからもう一つは、オウム真理教の時に皆さんも感じられたかどうか知りませんが、「最高学府を出た人が何であああいうものに取り込まれたのか」といった疑問がよく出されました。あるいはもう一つ、科学が発達すれば宗教などというものはなくなっていくのだということもかつて言われました。そうではなくて、科学がどんどん発達して、いろいろな身の回りのこと、宇宙まで分かるようになってきても、人間の心の中は見えない。人間というのは相対的なものですから、やはり絶対的なものを生み出す。それがカミ観念という形だと思いますが、そういうカミ観念というものがいつごろ、どういう条件のもとででき上がってきたのだろうということをずっと追いかけていくと、古墳時代、弥生時代までいくという話。そういう感じです。

**片山**：ここからそれだけのことが分かるのですか。ひも解くというか。

**広瀬**：皆さん今、出土品を見てこられたと思うのですが、考古学という、物を相手にする学問で、物から人間の観念の動き、つまり心の動きや社会のシステムなど分からないのではないかと言う人がけっこういるのですが、私はそうではないと思います。分かると思います。

例えば今日の、今映っているこの表紙にもある横穴墓から、私は他界観というものを解明できると考えています。人間はあの世というものをいつの時点かに創造したわけですね。今生きている社会とは別に、死んでからもう一つの世界があるのだということを発明したわけです。それがいつごろかというのを調べていて、多分5世紀後半ではないかと。それより前の人はそういう他界というか、もう一つの世界を持っていなかったという結論に達したのです。

学問ですから、いちいち方法と資料を明らかにして話さなければいけないのですが、今日はそういう場でもないので省略しますが、それは分かると思いますし、もし興味のある方は私の書いたものを読んでいただければ幸いです。

つまり、物を通して物を残した人間の行動様式とか心の動き、これを明らかにしなければその学問は全く有効性を持たないという立場を私はとっているのです。

**片山**：分かりました。またお話の中で先生のご専門のお話も出てくると思うのですが、まずはフォーラムが始まったばかりですので、ここで先生に古墳の基礎的な知識を教えていただこうと思っております。

皆様には受付で解説図録をお渡ししてあるかと思うのですが、20ページをお開きくださいませ。そちらに「古墳年表」というものがございます。250～700年ぐらいまで書いてあるのですが、広瀬先生、250～700年というと450年間ありますが、かなり長い時間ですよね。前期、中期、後期、終末期と書いてありますが、時代による特徴とか、何かそういったものは見られ

表2　一目でわかる古墳年表（栗山 2004）

| 時期 | | 西山丘陵近在古墳・横穴墓 | 全国主要古墳・横穴墓 | できごと |
|---|---|---|---|---|
| 前期 | 250 | 谷内16号墳（小矢部） | 箸墓古墳（奈良） | 239　倭女王 卑弥呼、魏に使者を遣わす |
| | | 阿尾島田A1号墳（氷見） | 椿井大塚山古墳（京都） | 247　この頃、卑弥呼死去。径百余歩の墓造営 |
| | 300 | 柳田布尾山古墳（氷見） | 黒塚古墳（奈良） | 266　倭女王 台与、西晋に使者を遣わす |
| | | 関野1号墳（小矢部） | メスリ山古墳（奈良） | 313　高句麗、楽浪郡を併せる |
| | | 桜谷1号墳（高岡） | 雨の宮1号墳（石川） | 372　百済、倭に七支刀を贈る |
| | 400 | 桜谷2号墳（高岡） | 島の山古墳（奈良） | 391　倭、渡海して百済・新羅を破る |
| 中期 | | 谷内21号墳（小矢部） | 誉田御廟山古墳（大阪） | 414　好太王碑、建立される |
| | | 稲積オオヤチA1号墳（氷見） | 大山古墳（大阪） | 421　倭王 讃 が中国の宋に使者を遣わす |
| | | 城光寺古墳群（高岡） | 竹並遺跡（福岡） | 471　稲荷山古墳に金象嵌銘鉄剣納める |
| | 500 | イヨダノヤマ3号墳（氷見） | →最古横穴墓 | 478　倭王 武 が宋に使者を遣わす |
| 後期 | | 若宮古墳（小矢部） | 今城塚古墳（大阪） | 527　筑紫国造、磐井の乱が起こる |
| | | 朝日長山古墳（氷見） | 岡田山1号墳（島根） | 538　百済から仏教伝来する |
| | | 加納横穴墓群（氷見） | →亀甲繋鳳凰文銀象嵌柄頭 | 562　新羅、任那を滅ぼす |
| | | 城ヶ平横穴墓群（福岡） | 見瀬丸山古墳（奈良） | 587　蘇我馬子、物部氏（守屋）を滅ぼす |
| | 600 | 院内東横穴墓群（高岡） | 藤ノ木古墳（奈良） | 593　聖徳太子、推古天皇の摂政となる |
| 終末期 | | 加茂横穴墓群（福岡） | 吉見百穴横穴墓群（埼玉） | 604　聖徳太子、十七条の憲法を制定する |
| | | 頭川城ヶ平横穴墓群（高岡） | 石舞台古墳（奈良） | 626　蘇我馬子没し、その子蝦夷が継ぐ |
| | | 江道横穴墓群（高岡） | 法皇山横穴墓群（石川） | 645　中大兄皇子、中臣鎌足らと大化の改新 |
| | | 桜町横穴墓群（小矢部） | 高松塚古墳（奈良） | 672　壬申の乱起こる。飛鳥浄御原宮に遷都 |
| | 700 | 藪田薬師横穴墓群（氷見） | キトラ古墳（奈良） | 694　持統天皇、藤原宮へ遷都 |

（注）古墳の配列は、各期毎の目安であり並行する時期のものもある。

るのでしょうか。

**広瀬**：私は古墳時代を、この年表でもいいのですが、前方後円墳が造られた時代に限定したいのです。そうすると、3世紀半ばから7世紀の初めぐらいの350年ということになります。日本列島に人が住み着いたのは、最近は旧石器ねつ造事件とかがあって、一時は70万年前とかいわれたのですが、私は旧石器が全然分からないので旧石器をよく研究している友人に聞くと、ひょっとしたら5〜6万年、あわよくば10万年前という話です。仮に10万年とすると、その中で人間がお墓を作り出した時代というのは1万年ぐらいでしょうか。その中で3世紀半ばから7世紀初めごろの350年間だけ異様に大きな墓が造られ、しかも、この横穴墓もそうですが、誤解を恐れずに言えば、死者に当時の金銀財宝のようなものを供えるということが行なわれました。

展示室で皆さんは見られたと思うのですが、古墳時代とは変な時代ですね。墓に鏡や武器や農工具などいろいろなものを副葬する。今は違います。私のおやじがこの前亡くなった時に、「燃えるものしか入れたらあかん」と言われました。おやじはゲートボールが好きだったので、そのスティックを入れ

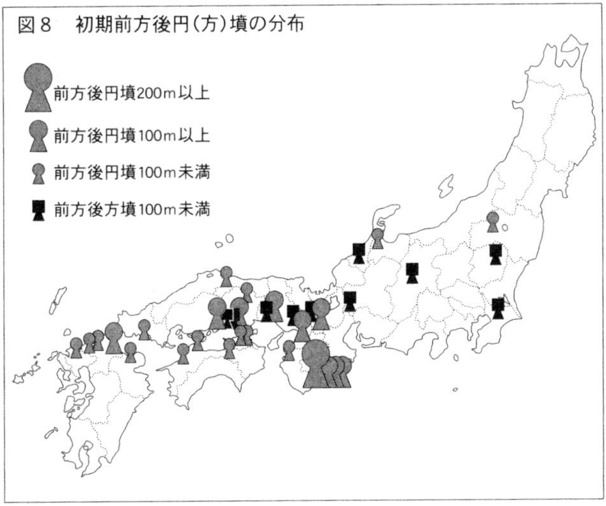


**図2　初期前方後円（方）墳の分布**（広瀬 2003b）

たぐらいですし、お墓にももう骨しか入っていません。墓も小さいのですが、この古墳時代はとても大きな墳墓を造る時代、あるいは当時の大事なものを入れる時代でした。ですから、単なる墓ではない。そこには墓以外の何かの意味が込められているという時代なのです。

もう一つ基礎知識的に言っておけば、前方後方墳も含めて前方後円墳というのは北海道と東北北部、それから沖縄にはありません。つまり、水田稲作のない地域には前方後円墳もないのです。水田稲作をやっている地域では3世紀中ごろから7世紀初めごろの350年間、前方後円墳が造られるのですが、大きいのから小さいのまでふくめて約5200基も造られ続けます。専門家は細かいことを言って違いばかりを強調しますが、普通に見れば大体どれを見ても、同じような格好をしていて、同じような変化をたどります。

**片山**：前方後円墳…鍵穴の？　第I部のとびら写真がそうですね。

**広瀬**：そうです。これは仁徳陵古墳といわれる大山古墳ですが、こういう鍵

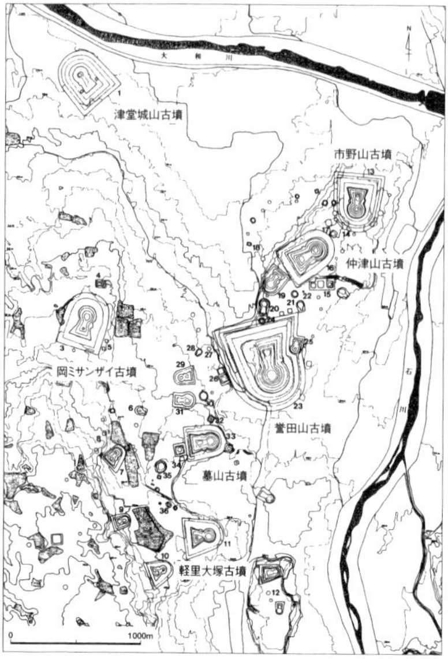


**図3　大阪府古市古墳群**（広瀬 2003a）

穴の格好…今でも鍵穴ってこんな格好ですかね？

**片山**：私はイメージ的に鍵穴だと思うのですけれども。

**広瀬**：つまり、どれを見ても同じようなものが日本列島のあちこちにあるというのが一つの特徴です。ところが、今見ていただいた大山古墳の墳丘の長さは 486 m あるのですが、これをピークにして、小さいものは 20 m ぐらいまでのものもあります。そういう階層性みたいなものを持っているというのがいま一つの特徴です。

もう一つは、現代のお墓は必ずしもそうではないと思うのですが、前方後円墳は人に見せるために造った墓なのです。JR の阪和線の二つの駅の間は全部大山古墳です。それぐらい大きい。つまり、人に見せるための墓という、画一性と階層性とビジュアル性という三つの要素を持っている。これは一体何かということを考えたときに、考古学の研究史もふまえてやはり何がしかの政治的秩序を反映していると考えざるを得ない。つまり、支配・被支配の関係のようなもの、中央と地方の関係のようなものを反映しているのだということです。

3 世紀半ばから 7 世紀初頭の前方後円墳が各地で造られた、この年表でいくと前期、中期、後期ですが、日本列島に同じ墳墓、前方後円墳を造るという共通項を持った政治的リーダーが各地に割拠していて、その中心が畿内である。大和を中心にした畿内の首長層が運営した政治団体、それを国家と呼ぶべきだというのが私の意見です。

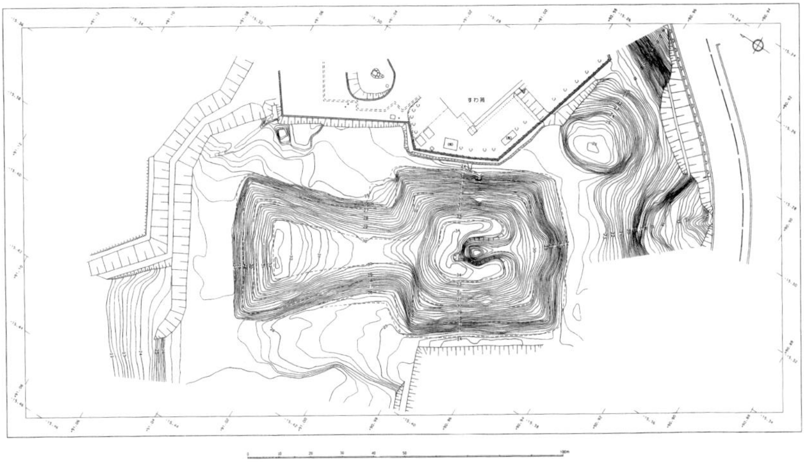

**図4　氷見市　柳田布尾山古墳平面図**（氷見市教育委員会2000）

**片山**：今の大阪にある仁徳天皇のお墓は400ｍを超えるとおっしゃっていましたよね。富山県ではいちばん大きいのが確か100ｍちょっと。

**広瀬**：ええ、氷見市にある柳田布尾山古墳ですね。

**片山**：そうですね。やはり大きなお墓が集まっている所とそうではない、小さい所というのは、権力の大きさに差があったということですか。やはり大きなことイコール権力を示すということなのでしょうか。

**広瀬**：そうだと思います。そうとしか今のところ考えていないというか。ただ、経済的な力量があまりない地域でも、中央から見て役に立つ地域は大きな古墳を造っている所があります。

例えば京都府の丹後地域がそうなのですが、あれは本当に大きい。行かれるとすぐ分かるのですが、平野などほとんどないのです。大江山のある所、天橋立がある所です。丹後は、幅が2キロほど、長さが十数キロの細長い平野が三つか四つしかないのです。だから、私などの経験的な観点からいけば、前方後円墳があるとすれば、墳長40～50ｍぐらいでいいかなという所なのですが、いちばん大きいのは200ｍクラスのがあります。墳長198ｍ、あるいは190ｍ。それから145ｍ、110ｍ、100ｍ、90ｍ。つまり100ｍクラスのものが六基あるのです。それらはほぼ4世紀だけに限られるのです。それは大和政権、中央政権にとって、朝鮮半島南部から鉄などを入れる交通路であると。だから大きい古墳が造られるのだということを書いたことがあります。

どういうことかというと、大きい前方後円墳を造るためには、その地域に経済的な力量、力がもちろん要りますね。現代流に言えば、お金を持っているか持っていないかなのですが、それプラス、今の自治体と一緒で、国庫補助金のようなものがあるのです。つまり、中央政権から国家補助金のような援助がある。それは現代と一緒で、中央政権の目的、国家目的にかなっているところにはたくさん出ますよね。あるいは重点地域にはたくさん出ると。そういうことが考えられます。

だからある地域をとってみると、もっと経済的力量がありそうな所でも小さい前方後円墳しか造っていないところもあります。だから3世紀半ばから7世紀初頭のそれぞれの時代の中での国家目的を、その地域の政治的リーダーがどれだけ担っているかも考えなければいけないということです。したがって、一筋縄ではいかないのです。

**片山**：難しいですね。古墳そのものもそうなのですが、古墳の中からいろいろなものが出てくるというお話がありました。後ほど紹介しますが、私はこの辺りの古墳を四つぐらい取材にお伺いしました。古墳から出てくるもののイメージの中に、教科書の知識しかありませんので、埴輪とか鏡とかそういったものが頭の中にあったのですが、富山県の古墳からはあまりそういったものは出てこないという話を聞いたのです。

**広瀬**：そうですね。少ないですね。

**片山**：やはりその出土品は、地域や力によって違いがあるのですか。

**広瀬**：違いますね。先ほど前方後円墳は前方後方墳も含んで画一的な墳墓だ、要するに同じような格好をした墳墓だと言いましたが、大ざっぱにはそう言えても、あとは各地における弥生時代からの伝統とか、経済的力量とか、技術的な制約などでばらつきがあります。3世紀半ばから4世紀後半ぐらいを前期と呼んでいるのですが、そのころはむしろ、今おっしゃられた墳丘の周りに埴輪を並べるとか、葺石、石をいっぱい葺くとかというのは、全国的に見ると、あるほうが少ないです。

逆に、これはまだよく分からないのですが、関東などですと、6世紀後半から7世紀初めごろはめったやたらに形象埴輪などを並べるのです。その意義はよく分からない。これから勉強しようと思っています。

そういうふうにいろいろなばらつきがあって、地域的な特殊性もあるけれども、それを超える汎列島的といいますか、日本列島に共通する要素がみられるのです。共通性と特殊性というのでしょうか、画一性と個別性というのでしょうか、そういうものを体現しているのが古墳時代の大きな墳墓なのです。ですから、それを読み解くことによって、それぞれの地域の置かれた政治的立場とか、中央との関係とかが読み解ける。そうした研究を、日本の考古学研究者はいっぱいやっているのですが、現状としては、まだなかなかまとまるまではいっていないというところでしょうか。

**片山**：なるほど。古墳なのですが、仁徳天皇のお墓などはかなり大きいですよね。例えば、基本的なことなのですが、中に入っていらっしゃったかたは権力者お1人と考えられているのですよね。

**広瀬**：いえ。1人という場合もありますが、仁徳陵は明治5年でしたか、内側の一部があきらかになっています。台風で墳丘が崩れたというのですが、そうではないかもしれません。ここには後円部、丸いほうと、前の前方部と二つ、それぞれ1個ずつ長持形石棺という石で作った棺の存在が分かっていますから、2人ぐらいは葬られているようですね。

片山：どちらにしても権力のあるかたが入っていらっしゃったのでしょうか？

広瀬：そうですね。

片山：これは権力者の支配下に置かれた人たちがお造りになったのですか。

広瀬：そうでしょうね。これなどは中央政権の最たるもの、倭の五王の時代のものです。讃・珍・済・興・武という中国の南朝、現代の南京あたりに都があった時の南宋という所に遣いを出している時代の話です。これは想像ですが、地域の人だけが造ったのではなくて、ひょっとしたら富山県あたりの首長、政治的リーダーといいますか、今で言うと、市長さんとか町長さんが、町民、市民を連れて、この古墳築造に参加しているかもしれないですね。

片山：国家事業のような感じですかね。

広瀬：そうですね。事業に参加することが自分たちの地域にも繁栄をもたらす、というイデオロギーがあったと私は考えているので、多分行っていると思います。これは想像ですが。

片山：今と何ら変わりありませんね。

広瀬：はい。

片山：先生、先ほどお話の中にも朝鮮半島のお話が出てまいりました。朝鮮半島からいろいろなものが入ってきているというお話があったのですが、その頃の朝鮮半島には、お墓、古墳というものはやっぱりあるのですか。

広瀬：ええ、大体造っています。大山古墳、すなわち仁徳陵古墳が造られた

表3　墳丘要素の比較（5世紀を中心として）（広瀬 2003a）

| | 倭 | 新羅 | 百済 | 伽耶 | 高句麗 |
|---|---|---|---|---|---|
| 墳形 | 前方後円墳、前方後方墳、円墳、方墳、造り出し付き円墳（帆立貝式古墳） | 円墳<br>一部双円墳 | 円墳 | 円墳 | 方墳 |
| 墳丘規模 | 最大486m | 最大120m | 10—30m | 10—30m | 最大63m |
| 外部表飾 | 円筒（形象）埴輪列、壺形埴輪列、葺石、段築 | 基本的になし | 基本的になし | 基本的になし | 基本的になし |
| 周濠 | 一重、二重、外堤 | なし | なし | なし | なし |
| 陪塚 | 衛星型、その他 | なし | なし | なし | なし |

ころの朝鮮半島というのは、北には高句麗という国があって…。朝鮮半島の地図を思い浮かべていただきたいのですが、今の北朝鮮にほとんど重なるように、それより少し大きめぐらいで高句麗という国があって、これは騎馬民族で強い。それから南東部には新羅という国があって、やたら金製品を出す国です。それから、南西部は百済という日本と非常にかかわり深い国があって、いちばん南の釜山とかあの辺は伽耶という、最後までまとまらなかったということになっていますが、そういう国があった。

その国々はそれぞれが古墳を造っているのですが、高句麗は最初から最後まで大体四角です。新羅は最初から最後まで円形、もしくは丸が二つくっついたものです。韓国へ旅行に行かれたら慶州に多分行かれると思うのですが、古墳がたくさん復元されています。埋葬施設が見えるものもあります。百済も丸です。

それに対して日本の場合は、前方後円墳をピークに、前方後方墳、円墳、方墳、造り出しのついた円墳などと、いくつかの形式があります。これが一つの特徴で、身分・秩序などを反映しているなどいろいろな意見があるのですが、まだよく分かっていない。

それともう一つ大事なことは、朝鮮半島の高句麗、新羅、百済、伽耶も古墳を造りますが、総じて墳丘が小さい。また、日本の古墳もそうだし、朝鮮半島の古墳も、これはだれの古墳だということは分からないのです。中国以外は墓誌を入れませんから、日本の古墳も朝鮮半島の古墳も匿名性、共同性のようなものが一つの特徴なのです。唯一分かったのは百済の6世紀初めごろの武寧王陵という墓です。「百済斯麻王の墓」という墓誌が出て分かったのですが、それなどは直径20mぐらいの円墳です。大きいからいいとか、小さいからだめとかそういう問題ではなくて、墳丘というものに対する意識の違いがあるのです。

**片山**：意識の違い。

**広瀬**：ええ。さっき言ったように、日本の前方後円墳というのは見せるということ。中央と地方が一緒だということ、あるいは中央を中心にした階層性のようなものを見せる、そういった役割を持っていたということですから、日本の古墳のほうが朝鮮半島の古墳より政治的色彩が強いという、単なる墓以上の強い価値というか意味が込められているということです。だからこそ、研究していても面白い。

**片山**：なるほど。出てくるものもやっぱり違うのですか。

**広瀬**：出てくるものも違いますね。さっき鏡の話をされましたが、前期と中期。日本の古墳は前期と中期で一つにくくって、それと後期とはかなり違う。前期と中期という時期、つまり3世紀半ばから5世紀後半か半ばぐらいまでは、日本の場合は鏡をたくさん入れたり、武器をたくさん入れたり、生活に関係ないものをたくさん入れるのです。

ところが、朝鮮半島とか、中国もそうですが、朝鮮半島の古墳を発掘すると土器がいっぱい出るのです。食器類がいっぱい。日本でそういうものが出てくるのは、この地域では加茂横穴などのように、後期になってからです。つまり、死者に食器を与えるか与えないかという大きな違いがあるのです。

**片山**：どういう意味があるのですか。

表 4　前期前方後円（方）墳に副葬された鉄製武器（広瀬 2003a）

| 旧国 | 名　称 | 墳　形 | 規模 | 鉄刀 | 鉄剣 | 鉄槍 | 鉄鏃 | 時期 |
|---|---|---|---|---|---|---|---|---|
| 大和 | メスリ山古墳 | 前方後円墳 | 250 | ○ | ○ | 212以上 | — | 3期 |
| 大和 | マエ塚古墳 | 円墳 | 48 | 24 | 119 | — | — | 3期 |
| 山城 | 椿井大塚山古墳 | 前方後円墳 | 170 | 7以上 | 10以上 | | 200以上 | 1期 |
| 近江 | 瓢箪山古墳 | 前方後円墳 | 134 | 3 | 14 | — | 23 | 2期 |
| 備前 | 浦間茶臼山古墳 | 前方後円墳 | 138 | 5 | 12 | — | 3束 | 1期 |
| 美作 | 月の輪古墳 | 帆立貝式古墳 | 60 | 7 | 16 | — | 41 | 4期 |
| 豊前 | 免ヶ平古墳 | 前方後円墳 | 53 | 1 | 8 | 1 | — | 3期 |
| 肥後 | 向野田古墳 | 前方後円墳 | 86 | 4 | 3 | 1 | 5 | 3期 |
| 美濃 | 円満寺山古墳 | 前方後円墳 | 60 | 3 | 2 | 1 | — | 3期 |
| 信濃 | 弘法山古墳 | 前方後方墳 | 63 | — | 3 | — | 24 | 1期 |
| 陸奥 | 会津大塚山古墳 | 前方後円墳 | 114 | 4 | 12 | — | 88 | 3期 |
| 下野 | 駒形大塚古墳 | 前方後方墳 | 64 | 2 | 2 | — | 6 | 1期 |

（規模は墳長、単位はm。○はあるけれども数量不明。—はないか不明。）

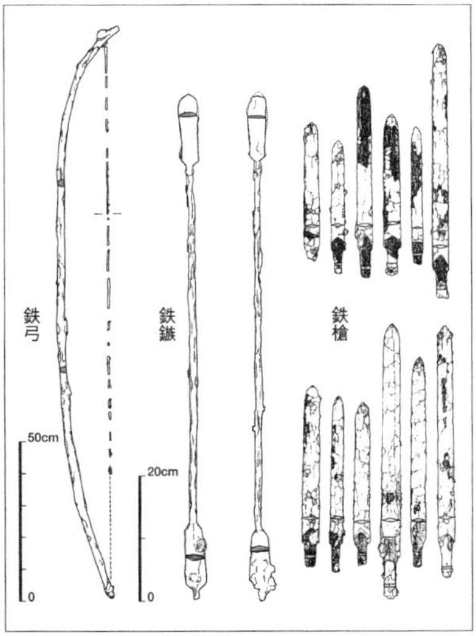


図 6　前期前方後円墳の鉄製武器
（広瀬 2003）

写真 3　奈良県黒塚古墳の石槨
（橿原考古学研究所写真提供）

**広瀬**：それは霊魂観の違いです。

**片山**：霊魂観？

**広瀬**：ええ。ちょっと話が変わります。長くなっていいですか。

**片山**：大丈夫です。持ち時間がある限りは大丈夫です。（微笑）

**広瀬**：このあたりを今研究しているのですが、私たちは死んだら普通霊魂と肉体に分かれて、肉体は燃やすけれども、霊魂は残って、あの世とかどこかで生き続けていると考えています。ただ、いつまでもつきあうのは面倒だからお盆のときなど限られたときだけおつきあいするというふうに仏教が制度化しました。それでごく当たり前のように、私たちは霊魂と肉体は別のものだと思いつづけてきました。私なども霊魂を信じるほうで、夜中に一人で歩いたり、墓場へ行くのは怖いのです。

**片山**：そうなんですか？

**広瀬**：ところが、縄文時代や弥生時代には霊魂感はまだ生まれていないと私は考えています。そういった観点から一つの研究テーマとしてとりくんでいます。人間は死ねば霊魂と肉体に分かれる、そして霊魂はいつまでも生き続けるという観念は、ほとんどの人びとは、漠然と、人間固有のものだと思っているかもしれません。実はそうではなくて、こういう観念が生まれたのはは日本列島では5世紀後半ぐらいからですから、まだ1500年ぐらいしかなっていない。比較的新しい時代に人間が発明したものなのです。

　他界といいますか、あの世といいますか、私たちの祖先がいつごろからそういう観念を発明したかを考えるにあたって一つのポイントが土器なのです。土器を墓に入れるか入れないか。死んだ人にご飯を食べさせるか食べさせないかということが、考古学的な判断基準になります。それを調べると、日本

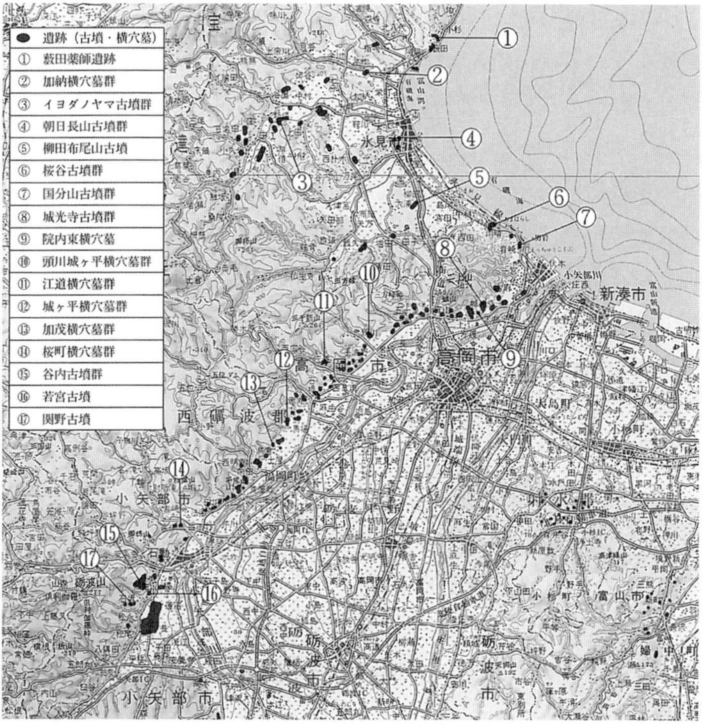


**図7　西山丘陵周辺古墳・横穴墓分布図**（栗山 2004）

の場合はこの年表でいくと後期からだということが分かるわけです。

そういった観念が全国に広がっていくのですが、西山丘陵周辺地域でも地図に赤丸がいっぱいついている所、これは大半が横穴墓だと思うのですが…。

**片山**：古墳・横穴墓分布図ですね。

**広瀬**：あるいは図録表紙のこれです。こういうものが当時の人にとっての他界であった。

**片山**：あの世？

**広瀬**：あの世です。話をし出すと面白いのですが、今、私たちは他界というのは見えませんよね。ダジャレではないですが、高い所にあって見えない。そして、だれにとってもの他界ですよね。仏教が用意したのは、極楽と地獄という二つの他界があるわけです。

ところが最初に私たちの祖先が発明したというか、朝鮮半島から伝わってきたのですが、そのときの他界は、私の考えによれば、誰もが見える他界です。他界が見えるのです。あそこが私の祖先の他界、あの世ですと。あるいは現代では、他界とは行ったり来たりはできないのですが、当時は行ったり来たり、追葬という形で何回も遺骸を埋めるときに行けるのです。

現代はみんなにとっての他界ですが、古墳時代はそれぞれの家にとっての他界があったと考えられるわけです。これは人間というのは死というものをどういうふうに考えてきたか。私は人間の人間たる一つの本質は、死というものをどういうふうに考えてきたか、にあると思っています。それを追いかけることによってある程度追求できるのではないかと思っています。死という観念を持っているのは動物の中で多分人間だけですよね。ところが、人間もそうだし、自然もそうだし、万物流転するなどといいますが、すべて相対的な存在ですよね。いつかはなくなっていく。絶対的なものなどこの世の中には一つもない。しかし、死だけは絶対に訪れるわけです。死なない人というのは未だかつて誰もいないわけで、絶対に訪れる。これが一つ。それからもう一つ絶対というものがあるとすれば、死後の世界はだれも見たことも聞いたこともないということです。

そうすると人間というのは不安になりますから、何とかして死後の世界を説明しようとするわけです。その一つがこの他界です。現世と違ったもう一つの世界を作る。死ななくてはならないのだけれども、死んでからもう一度世界があるということで、死に対する恐怖、恐れのようなものが少しは和らぐかもしれない。さらには仏教が用意した仏教観では、それも平安時代中期ぐらいからだと思いますが、今は苦しくてもちゃんと信心すれば浄土の世界があって、死んでからは安らぎがあるとか。そんなのは本当は分からないですね。人間のつくった物語なのですが、そのことによって人間は人間らしさというか、人間の尊厳のようなものを持つことができたとか。根本的には救いですよね。

死後の世界をどう説明したかというのが、私は個人的にものすごく興味があって、この図録表紙にある横穴墓などはまさしく私たちの祖先が初めて獲得したというか、作った死後の世界の説明を表わしているということです。ですから、そういった説明がなければ丘陵斜面に穿たれたただの穴ぼこですが、研究という名の故事来歴をくっつけてやると、歴史遺産は生き生きとよみがえってきて、私たちが現代を考える一つのよすがになるといいますか、そういう気がするのです。

**写真4　横穴墓の全景**
（加茂横穴墓群　22号墓）

**片山**：そうですね。ちょうど横穴墓がたくさん造られた時代というのは、今、先生がお話しされた精神と肉体が分かれているという考えが出てきた古墳時代後期ぐらいに入るのですよね。

**広瀬**：ええ。

**片山**：私は横穴墓というものを見て、自分が抱いていた古墳のイメージとは全く違っていたのです。お墓の形式も、その前方後円墳の時代にはとても権力のある人、もしくはその近親者と聞いたのですが、横穴墓に関しては、ご家族で次から次へと何代も、要するに今のお墓の形をとっているのですね。これには、何か意味があるのでしょうか。

**広瀬**：横穴墓は後期古墳といって、さっきの年表でいくと古墳時代後期、つまり6世紀から、終末期の7世紀前半ごろにまたがるのですが、この頃非常に古墳の数が増えるのです。加茂横穴や城ヶ平横穴などたくさん横穴墓があるものを群集墳と考古学では呼んでいます。

今おっしゃったように、それまでの前期、中期の前方後円墳、前方後方墳、大型の円墳などは、幾つかの市町村単位で一つとか1人とか限られた人物、つまり地域の、先ほど政治的リーダーという言葉を使いましたが、今だと知事さんとか市長さんクラスの人たちだけが古墳を造っていた。つまり、そういった人が地域を代表して中央との間の関係を取り持っていて、鉄を手に入れたり、塩を手に入れたりしていたという状況なのですが、後期の6世紀になると、古墳を造る人たちが一気に増えるのです。その一つがこの横穴墓ということになります。

こういう説明を私も書いたことがあるのですが、一つは市長、政治的リーダーの下にいた個々の家族。家族といっても、単婚家族ではなくて、古墳時代の家族は大体一つの家族が20～30人ぐらいという研究がありますが、それぞれの家族が力を蓄えてきたのだと。したがって、その力を蓄えてきた連中を自分の側に取り込むために、古墳を造ることを許したという意見もあります。つまり、古墳というものが中央と地方、さらには地方の中での市長とその他大勢の有力者層との政治的な秩序を表わしているという、身分や秩序を表わしているという考えに立つとそういうことになる。それからいくと、群集墳が造営された地域は、かなりの力量を持った家族がたくさん生まれたのだろうと。

誤解のないようにしていただきたいのですが、当時の6世紀なら6世紀の、例えばこの福岡町に人口がどれだけいたか分かりませんが、仮に20の家族がいたとしても、全部横穴墓を造っているわけではないのです。きちっとこれから研究しなければいけませんが、私の研究によれば、日本列島どこでもと言ったら語弊がありますが、大体3分の1ぐらいです。だから20家族がいたとしたら、7ぐらいの有力な家族が横穴墓を造って、そのなかの一つ一つの家族が二基か三基の横穴墓を造り続けたという状況です。

最初の映像に銀象嵌がほどこされた頭椎大刀などが出ていましたが、あれなどは普通の家族層では持ちえないものです。中央から下賜されたのかどうか分かりませんが、すごいりっぱなものを持っているということも含めて言えることは、6世紀になると、家族相互の間にも力を持った家族とそうでない家族の差が出てきて、力を持っている家族はその地域の政治に参画していったとか、が考えられる材料になると思います。

**片山**：先生、素朴な疑問なのですが、その地域の人の3分の1はこういう横穴墓を造って横穴墓に入ったということですよね。残りの3分の2の人はお墓がなかったのですか。

**広瀬**：あまり見つかっていないですね。

**片山**：どうなさっていたのでしょう。

**広瀬**：墓を造っていないかもしれませんし、どこかその辺に穴を掘って埋めているかもしれないですね。そういう穴ぼこだけの集団墓地のようなものは見つかったことは見つかっていますが、少ないです。だから、むしろ今日、会場におられる皆さん、ちょっと記憶の片隅に入れていただきたいのです。奈良時代もそうでしょうか、特に今日テーマになっている古墳時代というのは、私たちは古墳、古墳とばかり言っているからものすごくたくさんあるように見えますが、古墳を造っている人はごく一部だということです。前期、中期になると、一部のなかのさらにごく一部です。後期になってもやっと3分の1ぐらいの家族、大ざっぱな話ですが、その程度の人が造っている。さらにもっと言えば、3分の1にセレクトされた有力家族にしても、20～30人ぐらいの全員が埋葬されているわけではないのです。その中のごく数人だけがこの横穴墓に入っている。だから、かなり選択が働いている。普通の墓ではないということです。政治的な選択、経済的な選択、いろいろなセレクションが機能しているということをちょっと片隅に入れていただいて、そのよ

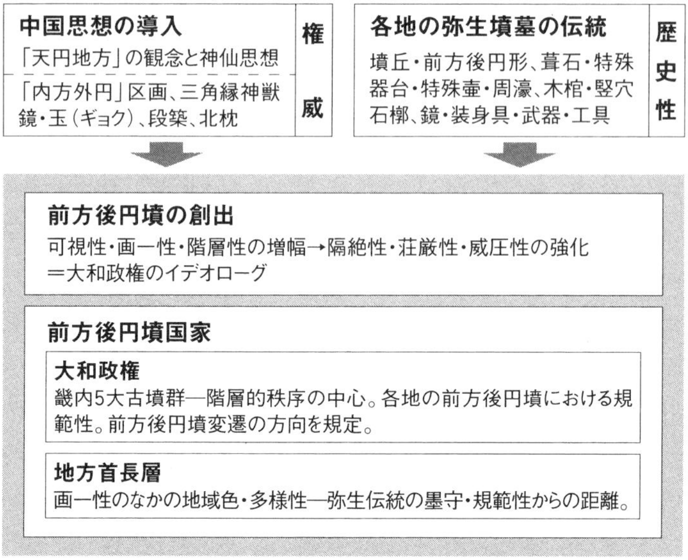


図８　前方後円墳諸要素の相関性（広瀬 2003a）

うな目でこれを見ていくと、また面白いかなと思います。

**片山**：古墳時代よりもさらに後のお話をちょっとお伺いしたいのですが、その後、古墳とかお墓は一体どういった経路をたどるのですか。

**広瀬**：先ほどの前方後円墳は７世紀初頭でなくなり、以後二度と作られません。それ以降前方後円墳を造っていたような中央の有力者や地方の有力者は、方墳や円墳などは造っているのですが、数がものすごく減って、７世紀終わりごろ、これから井上先生のお話がありますが、キトラ古墳の時期になると、ほとんど古墳を造らなくなります。

もっと下の家族レベル、有力家族レベルの横穴墓も、この地域のものは私はまだじっくり勉強したことがないのですが、大体７世紀いっぱいで消えていくのではないですかね。つまり、７世紀からそうですが、墓が何がしかの墓以外のシステムを表現するということが弱くなってきて、ましてもう奈良時代になると全くそういうものは表現しない。ただの、それこそ本当の墓になっていくという流れをたどるようです。

ところがそうは言っても、奈良時代や平安時代の墓というのは実はあまり見つかっていない。火葬法が普及したとかいいますが、それも一部で、本当はよく分かっていないのです。だから逆に言えば、横穴墓や大きな墳丘を造るから私たちの目に残っているわけで、古墳時代というのは変な時代なのです。墳墓、お墓というものが単なる墓ではなくて、多様な観念がくっついて、そしてそれを利用して何がしかの身分秩序を表現するとか、中央と地方の関係を表現するとか、地方の中のリーダーとそれ以外の人たちの関係を表現する。お墓、つまり死というものをめぐっていろいろな関係性が表現された時代が古墳時代であると。だから、学問研究のテーマになるということだと思います。

**片山**：分かりました。私はこれまで視覚でしか古墳を見てきませんでした。例えば前方後円墳などは「ああ、なだらかな丘だな」と。横穴墓に関しては「穴だな」と。出てくるものに関しては「こういうものが出てきたんだな」と。でも、先生のお話を聞いていると、そこから何か物語を自分で作るわけではないのですけれども、いろいろなところからその当時の人たちの考え方、社会の成り立ちまでひも解ける。すごく面白いものですね。まだまだ分からない部分があるというのが、そこもまた、これからどんなことが分かっていくのだろうと楽しみな分野でもありますね。

**広瀬**：それが言ってみれば学問の力ですね。さっきも言いましたように、全然価値が分からない時というのは、単なる穴ですよね。過去にはいっぱい壊された時代もあって、墳丘も単なる盛り土の山としてつぶされることがあったのですが、それに一個一個の研究という故事来歴をくっつけてやると、それはいろいろなストーリーができて、それをたくさん持っている町、地域というのは観念が豊かに膨らむと思うのです。

**片山**：観念が膨らむ…

**広瀬**：これは第II部の話になるかと思うのですが…II部にしましょうか。

**片山**：（笑）

**広瀬**：また第II部でもお話ししたいと思いますが、歴史というものを持っている地域・町と、持っていない地域・町というのは考えてもらうとすぐに分かると思うのです。歴史のない地域というのはどうなのでしょうね。

大体今は地域でも個人でもそうですが、日本の場合は古さ、古いというのが一つの価値になっていますよね。それは個人の家でもそうだし、あの家は代々続いてどうだこうだとか、あるいは一人一人でも、あなたはどこの出身でどこから来られましたかと必ず故事来歴を聞きますね。特に日本、東洋社会はそれが強いと思います。そういうところでこういった文化遺産、歴史遺産がたくさんあって、それに対する研究があって、説明がいっぱいある地域。つまり知的な喜び、知的発見にたくさん出会える町・地域とそうでない地域・町とどっちがいいかという話です。そこに住む人びとが決めたらいいと思うのですが、あまり要らないと言われたら私は商売上がったりなので、皆さんに必要だと言ってほしいのです。（笑）それは冗談ですけれども。

**片山**：またその詳しいお話は第II部のほうに取っておいていただきまして、そろそろお時間がまいりましたので、先生にはまた座談会のほうでいろいろお話の続きを伺いたいと思います。どうもありがとうございました。広瀬先生でした（拍手）。

### 引用文献

栗山雅史　2004 「考古資料にみる西山古墳街道」『黄泉之国再見―西山古墳街道―』ふくおか歴史文化フォーラム図録　福岡町教育委員会

大野　究・鈴木瑞麿・小谷　超　2000 『（氷見市埋蔵文化財調査報告第29冊）　柳

田布尾山古墳 第1次・第2次発掘調査の結果』 氷見市教育委員会
広瀬和雄　2003a 『前方後円墳国家』 角川書店
広瀬和雄　2003b 『日本考古学の通説を疑う』 洋泉社

# キトラ古墳を覗いてみると…

奈良文化財研究所　専門職員　井上　直夫

ご紹介にあずかりました井上と申します。私は奈良文化財研究所の飛鳥藤原宮跡発掘調査部というところで、文化財の写真を撮っておりまして、もう30年を超えます。キトラ古墳がどんな時代にあったかということを簡単にいいますと、藤原宮が持統8年から和銅3年までの間、都がありました。ち

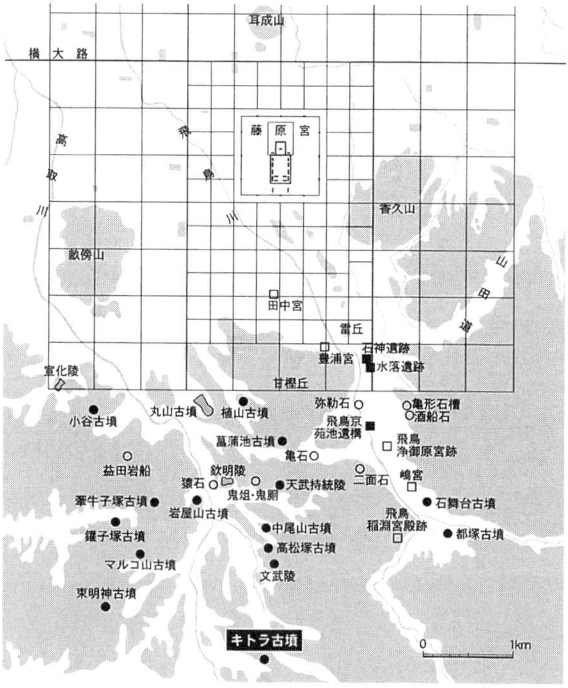


図1　キトラ古墳の位置

ょうどそのころの古墳というふうに覚えていただいたらいいと思います。

キトラ古墳が発見されて 20 年ほどたちますが、高松塚古墳には壁画があったから、ここにもあるだろうということになり、一度のぞいてみたいという機運が高まりました。そこで、明日香村は NHK に協力を申し出て、石室内の撮影を行ないました。

そのときのカメラはまだ非常に解像度の低いカメラで、カメラといいましても、皆さんご存じの胃カメラがありますね。あれを少し太くしたようなカメラなのです。ですから、グラスファイバーの先っぽにレンズがついていて、その後ろにテレビカメラがついているという簡単な装置でした。

この近くにあるマルコ山古墳というのをご存じかと思いますが、実はこれより 5 年前にそこにファイバースコープのカメラを入れたことがあります。発掘中のこの古墳の中を人が入る前に観察しようということになりました。日本で最初に文化財関係でそういうものを使った始まりです。科学的調査と言ったらおかしいですが、興味本位といいますか、中に入らなくても簡単に覗ける。そういう装置ができたわけです。

その当時の装置はまだ太さがけっこうあり 3 cm ぐらいでした。遠隔操作も何もできませんでした。ですから、マルコ山古墳を撮影した時は、石室の天井部分に穴があいておりましたので、私が宙ぶらりん状態になってそのカメラを持ち、中を撮影しました。

ではキトラ古墳の最初の映像をお見せいたします。

ごらんのように、映像を見ていただくと、非常にぼんやりとした画像しかそのときは撮れなかったのです（写真 1）。しかし、やっぱりキトラにも壁画があった。ということで、日本全国に大々的に報道されたのは皆さんもご存じかと思います。その時はまだあまり技術が確立しておりませんでしたので、解像度が非常に悪かったのです。その後やはりもう少しきれいな絵を何とか見られないだろうかということで、明日香村が再度 NHK に協力を頼みました。前回のこういうファイバースコープ装置ではきれいな絵は撮れないということがわかりましたので、NHK も普通の超小型テレビカメラで撮影することを決めました。

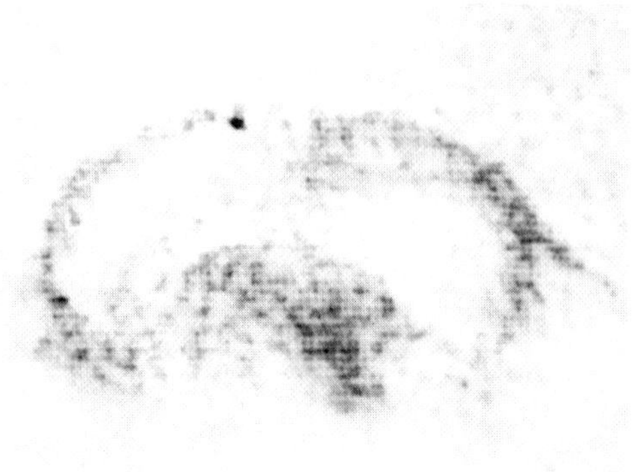

写真1　昭和58年（1983）に撮影した北壁玄武

聞くところによりますと、カメラを開発するのにおよそ2000万円ぐらいかけたそうです。正確な金額はよく分かりませんけれども、「2000万円もかけてこの程度の絵か」という意見も出ていましたが、それは技術的にいろいろ問題もありまして、当時ではこれが最高のレベルの絵であったということです。

5cmぐらいの穴をあけてパイプを通し、そこから多関節状の棒の先にカメラがついているものをぞろぞろと入れていったのです。そのときのカメラはある程度リモコンが利くようになっていました。前のカメラはただ突っ込んで前を見るだけということでしたが、この今出ている絵はリモコンで上を向いたり、右を向いたり左を向いたりということが可能でした。

いろいろ撮影し、いよいよ朱雀の確認をしたいということで、無理やりぐっとカメラを手前に振ったのです。そうしましたら、カメラが壊れてしまいました。それでその時は朱雀の存在は分かりませんでした。撮影はそこで終わってしまったのですけれども、その後やはり何とか朱雀を見つけたい、絶対にあるはずだということで議論されました。

その後私に撮影の依頼がありました。明日香村が無茶を言うのです。「できるだけお金をかけないで前回よりいい絵を撮ってくれ」と。その場ではそれはちょっと無理だろうと返事をしましたが、その後私はいろいろと考えました。テレビカメラでは解像力に限界がありますので、最近はやりのデジタルカメラを使うということを決めたのです。デジタルカメラはテレビカメラに比べてかなり解像度が高くはっきりとした絵が撮影できます。結局機材費用はポール、コンピュータなど全てあわせ130万円ほどになりました。

撮影するのにはまず条件を出しました。カメラを通すためにある程度の大

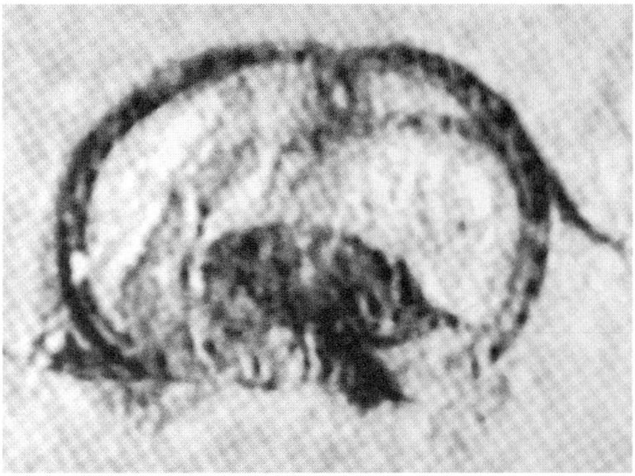

写真2　平成10年（1998）に撮影した北壁玄武

きさの穴が必要なので、最低15 cmの穴だけは確保してくれということを、明日香村にお願いしたのです。突然大きな穴を空けて見るというわけにはいきません。すでに史跡に指定されておりますので、明日香村は文化庁に現状変更届という書類を出し、要するに穴を空けるのに周りを少し掘るわけですから、現状の変更をする文化庁の許可をもらうことになりました。2001年の3月に許可がおりました。その文化庁の出した許可内容は、可能な限り小さな穴で前面の土は最小限しか掘ってはいけないという条件だったのです。

写真3　三代目デジタルカメラ

結局どうしたかといいますと、表面の土から石室まではおよそ1.8 mほどの土があります。そこに内径15 cm長さ1.7 mほどの塩化ビニールのパイプを通しました。後ほど絵が出てきますが、この装置をパイプに挿入します。カメラはポールの先端に取りつけて、手元で動かすことができます。ハンドルを回すとカメラの向きが変わります。写真4の①がカメラです。②がポールです。③にハンドルがついています。このカメラが左右に首を振れるような構造になっているのです。こういうもの

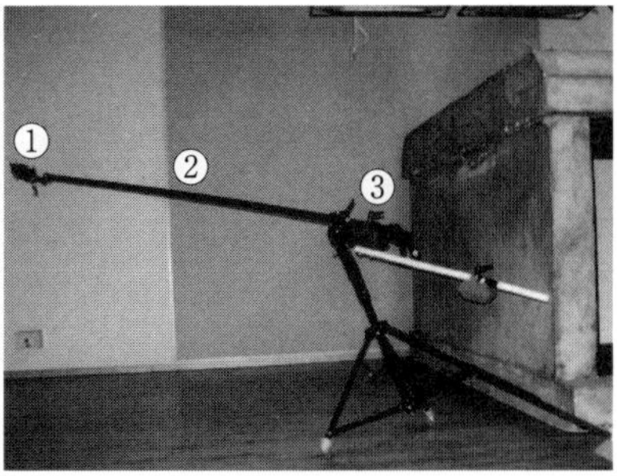


写真4　撮影のポール

写真５　初めて見つかった朱雀

を考えつきまして、このポールをパイプに通して撮影したわけです。

最初に私が明日香村から頼まれた時は３ｍぐらいのポールを使用しました。

あちこち動かしながらいろいろと撮影をしているのですけれども、そのときは結局通したパイプが３ｍと短かく、北壁にカメラが当たるということはあまり心配していなかったのですけれども、東の壁にはあたるおそれがありました。そこで闇雲に動かすわけには行きませんので、デジタルカメラの先端に超小型のテレビカメラをつけてまして、そのテレビカメラの絵をモニターしながら慎重に撮影していきました。

以前の撮影で玄武、白虎、青龍、それから天体図があるのは分かっておりました。それらを撮影後、午前中の撮影を終了する直前にカメラを引き抜く時赤いものがちらっと見えたのです。これはもう絶対に朱雀に間違いないと直感しました。そのときにみんなも「あっ！！」と思ったのです。その後食事をとって昼から朱雀を撮影しようということになりました。新たにカメラを突っ込んだ時にはもう心臓がばくばくと踊りました。(写真５)

写真６　画素数が向上した四代目カメラ

ふだんの撮影で、私は緊張して胸が踊るようなことはまずありませんが、このときばかりは心臓が踊り、かなり緊張しました。

**写真7　平成13年**（2001年12月）**に撮影した南壁朱雀**

これが日本で最初に朱雀が発見された瞬間です。そのときの写真が新聞報道、テレビ報道等で大々的に報道されました。これはもう皆さんもよくご存じだと思います。

写真8・9・10は3月に撮ったのですが、それから8か月ぐらいあと、同じ年の12月にこれで得られた画像を検討しますと、各壁画の状況がよくなく、今にも落ちそうな部分があることがわかりました。このまま放置できないだろうということになり、さらに詳しく調べる必要がでてきました。

今度は文化庁が主体で撮影を行なうことになり、文化庁から奈良文化財研

**写真 8**　平成 **13** 年（2001 年 3 月）に撮影した西壁白虎

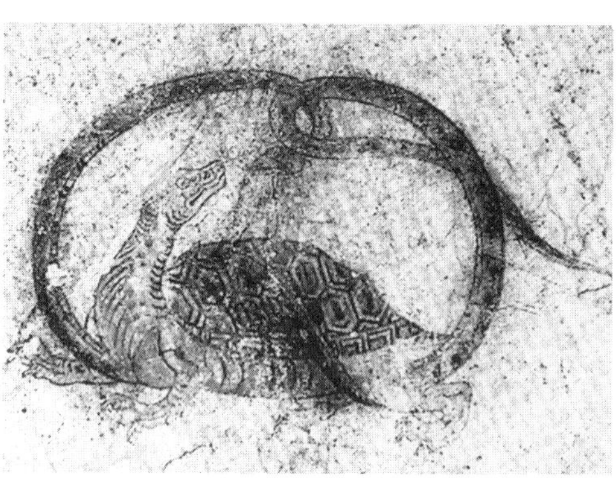

**写真 9**　平成 **13** 年（2001 年 3 月）に撮影した北壁玄武

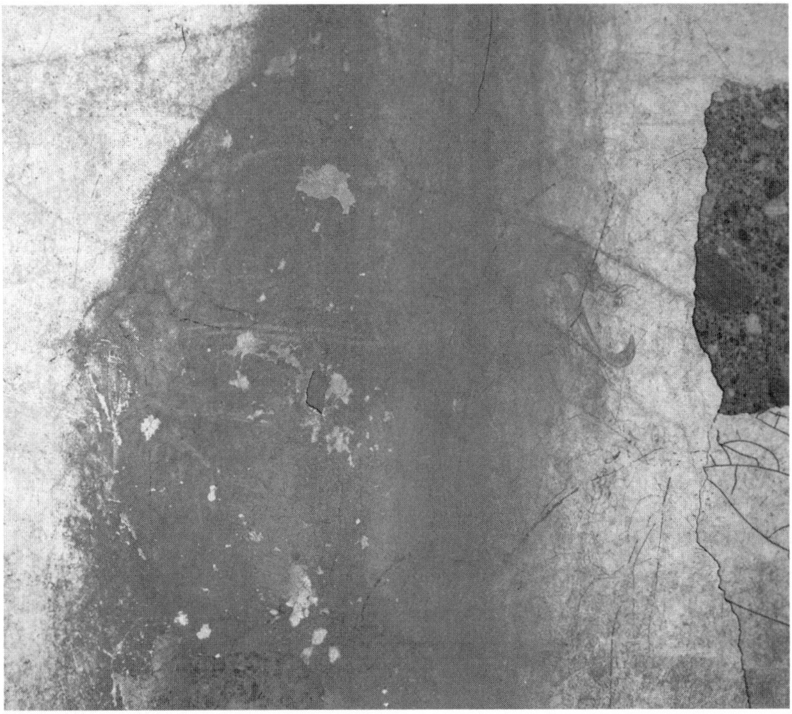

写真 10　平成 13 年（2001 年 3 月）に撮影した東壁青龍

写真 11　平成 13 年（2001 年 12 月）に撮影した南壁盗掘穴と土砂流入

写真 12　キトラ古墳の覆い屋

写真 13　キトラ古墳の発掘風景

究所が委託を受けて、新たに撮影を行なうことになりました。先ほどもちょっと写真が出ましたが、今回は構造的には同じですが、以前より長い 4 m のポールを作りました。

どういう目的かと申しますと、非常に状態が悪いということで、盗掘坑から人が中へ入って修復できるかの確認作業です。南の壁に穴があいておりますけれども、あそこから人が壁画を傷めないようにうまく出入りできるか確認するために撮影を行ないました。つまり、穴の大きさを計測しようということになったのです。それで実際に、撮影しますと、穴の幅は 38 cm ぐらいというのは分かりましたが、写真 11 のように土砂の流入が多く、高さは結局分からなかったのです。このまま放っておくというわけにはいきませんので、新たに発掘して確認しなければいけないということになりました。

そこで新しく空調施設の整った覆い屋を建てることになりました。写真 12 が現在のキトラ古墳の状況です。この後ろにキトラ古墳の墳丘があります。部屋が幾つもあり、ドアを 7 枚ぐらい開けないと石室まで到達できません。部屋の中は空調施設が整っており、大体湿度がほぼ 100% に近く、温度が 16 度ぐらいに保たれています。現在（9 月）もう少し季節が過ぎていますので多少温度は高いと思います。大体 2～3 か月遅れの気温になるそうです。ですから、石室の温度は今 18 度ぐらいかもしれません。石室のある一番奥の部屋全体をそのような環境にし、その中で発掘をするということになりました。

これは少しあとの写真ですが、中へ入って発掘しているところです。(写真 13) この黒いものは、木棺の外側、赤いのがちらちらと見えていますが、これが棺の内側です。こんなに小さく壊されてバラバラになっています。ここに枠のようなものがありますが、これは発掘するときに、もし道具や体が当たると壁画が落ちてしまう危険性があるということで、ステンレスの枠を組み、周りにはアクリルのパネルが張ってあります。少々体が触れても壁画は大丈夫です。この中で発掘していきました。

**写真 14　四代目を改良した五代目カメラ**

**写真 15　五代目カメラのポールと撮影風景**

今回はまず、中へ人が入る前に詳細な壁画の写真を撮っておかなくてはいけないだろうということになりまして、このような機材をこしらえたのです。そのときの写真がこれです。(写真 14)

これは石室の中にポールが入った状態です。その先にカメラがついています。(写真 15)

カメラとポール、スタンド合わせて 65 kg の重量になりました。カメラの画素数は 1600 万画素あります。私が明日香村から頼まれた時のカメラは 300 万画素。そのあと文化庁に頼まれた時は 400 万画素のカメラを使いました。今回使用したカメラは市販はしておりますが、1600 万画素というかなり解像度の高い高級なデジタルカメラを使って撮影しました。

先端のカメラだけで 4～5 kg あります。ということは前回作った細いパイプではとても強度的にはもちません。ですから、新たにかなり頑丈なものをこしらえました。ポールはいちばん太いところで5cmぐらいあり、しかも今回は長さが変えられるようにと、そういうものを工夫しました。

そして電動でカメラが回転できる装置を付け加えました。これを新たに付け加えることによって、できるだけ死角をなくそうということです。上下や左右に振るのはやはりハンドルで動かせるような構造になっています。

カメラを画面に対して真っすぐセッティングしてやらないと絵が歪んでしまい、ちゃんとした絵が撮れません。それを極力防ぐため、垂直センサーをつけました。ストロボも改造しました。発光部全体に乳白色のプラスチックをはめて、石室全周に光が回るように工夫をしました。

フォトマップというのは実物大の実測図に代わりえるほどの精度がある写真です。実際にカメラを中に入れて、天井、それから東西南北の壁、合わせて全部で750カットほど撮っております。その750枚をつなぎ合わせた成果を今展示してあります。このパネル写真ですが、実はまだ完全な成果品ではありません。少し解像度が低く作ってあります。最終的な成果品はもう少し解像度が高くて、はっきりした絵になるだろうと思っております。

これが北壁の玄武です。画像が少し暗くて分かりにくいのですが、写真1・2・9・16と写真を見ていただくと、画像の変遷というか、カメラの技術的な進歩がよく分かると思います。巻頭カラーでも紹介していますのでちょっとごらんください。

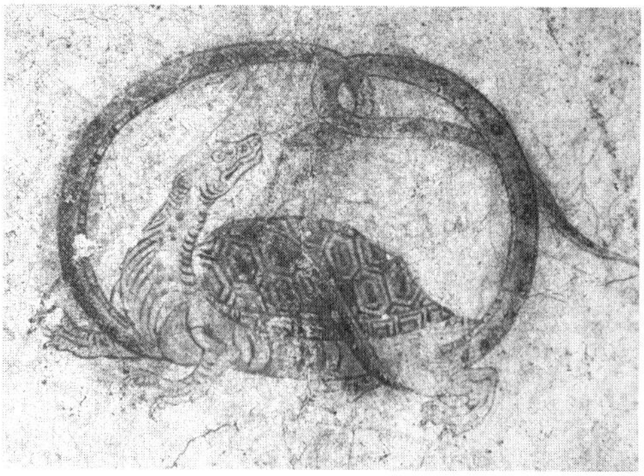

**写真16　平成16年**（2004年）**に撮影した北壁玄武**

これはフォトマップを撮影したあとの状況です。この時は土が入っておりましてまだ床面が撮影できていません。ですから石室の土を全部発掘し、取り除かなくてはなりません。その発掘の途中の写真がこれです。やはり床面はしっくいが塗ってありました。（写真17）

**写真 17　石室床面発掘状況**

各区画に分けて、順番に掘っていきます。発掘が終わったあとに、土が取り除かれた部分の写真はやはりポールを使い新たに撮影を行ないました。

その床と壁の土があった部分の写真はまだ合成作業途中で、画像にはなっておりません。全ての写真は、床の写真も併せ、全部で1200〜1300 枚を撮影しました。それを合成してこのようなフォトマップを作るというのがいちばんの目的でした。今は皆さんもご存じのように壁画も一部はがしてしまっていますから、今展示してあるパネルの写真はもう撮影できないのです。これが唯一のものになってしまったということです。ですから、写真が文化財になりえるものなのです。文化財の写真というのは撮った瞬間から文化財になるという認識を持っていただくといいと思います。

キトラ古墳がどういう場所にあるかといいますと、写真 18 の➡がキトラ古墳です。向かいから撮影しています。こういう山の斜面に墳丘があります。

これは覆い屋を建てるために事前調査をしている写真です。

写真 19 は石室まで土を 1 m 50 cm ぐらいの近辺まで取った状況です。ここに丸くてグレーのものが見えていますが、①が以前カメラを挿入した時のパイプで直径 15 cm のパイプが残っています。②が墓道、版築といいまして、

**写真 18　キトラ古墳遠景**

**写真 19　キトラ古墳の墓道と石室**

土をつき固めたものです。③に石室があります。この上に先ほどお見せした覆い屋というものが建ちます。

石室内を覗くのには、周到な計画を練り、かなりの準備期間を置いて、そして慎重に撮影をしています。

どこでもちょっと穴を空けて見ればいいではないかということにはならないのです。というのは、もし中に大切な遺物等が入っていたとします。そうすると、穴を空けたがために急速にそのものが悪くなってしまったり、カビが生えたりという状況が生まれる可能性があります。ですから、周到な準備をして初めて覗くことが可能になるかと思います。これは非常に重要なことだと思います。

キトラには四神の他に十二支像がありまして、これは子、丑…寅です。実は私が明日香村に写真を頼まれた時に四神以外に画像があるのはわかっていましたが、ポールが短くて何だかよく分からなかったのです。その際この部分を拡大して見ると、ワニのように見えました。人の顔ではないということは分かったのですが、何であるかということは不明だったのです。今回長いポールを使い、間近で撮影できましたので、寅であるということがはっきりと分かりました。(写真 20) これをもって十二支像だろうということがほぼ確定したわけです。

ちょうど 12 時の方向ですが、ネズミなどはよく見ると、ネズミの顔かなというのはなんとなく分かりますが、これも今回の大きな成果だと思います。

現在は皆さんもご存じのように、壁画をはがして保存することになっております。何年かけてやるかというと、恐らく数年かけて全体をはがすのではないかと思います。というのは、壁画は非常にもろくなっておりますし、壁にくっついています。ですから、まず薬品等をある程度染み込ませて、壊れない状態を作ってからはがすというようなことを考えているようです。今行って突然はがすというような乱暴なことはできないのです。

写真 20　キトラ古墳の十二支像「寅」

これがキトラ古墳の現状といったところです。時間がまいりました。どうもありがとうございました。

〔追記〕2005 年 3 月には、土のかぶっていた壁面、床面の写真も合成が終わり、完璧なフォトマップを完成させることが出来ました。

その後壁画をはがす作業を、東京文化財研究所が中心となり奈良文化財研究所もおこなっています。すでにはがされたのは、東壁の青龍、西壁の白虎、等です。はがすのには、薬品で固めるのではなく、極薄いレーヨン紙を壁画に何枚も貼り付け、補強した上で、特殊なヘラでこそげ落とし、はがします。

はがした壁画は現在奈良文化財研究所に運び込まれ、湿度を保たせた専用の冷蔵庫の中に保管されています。

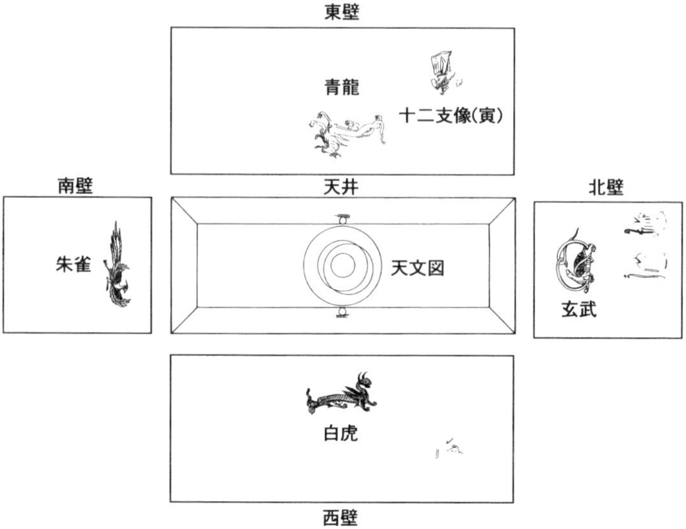


図2　石室展開図

# 第II部

# 西山歴史街道をゆく

鴨城主郭より平野を望む

# 西山古墳街道

富山考古学会副会長　西井　龍儀

## 報告（映像紹介）

ナレーション：小矢部川の左岸に連なる、そう、私たちが日ごろからなじみ深い姿を見せる山並み、これが西山丘陵です。小矢部市から福岡町を経て高岡市に至る標高200ｍ前後の小さな丘陵ですが、その先の氷見市も含め、丘陵に沿って大型の古墳が集中し、さらには確認されている横穴墓の数も県内で最も多いのです。

遺跡を結ぶ丘陵沿いのルートは、まさしく古墳街道と呼ぶのにふさわしい遺跡のメッカ。今でこそ市や町の境界が引かれているこのエリアも、かつて文化的なまとまりを持つ一つの国と呼べるものであったに違いありません。この地域にどんな古墳があるのか訪ねました。

西山古墳街道。ご案内いただいたのは、中学生のころすでに古墳を発見した富山県考古学会の西井副会長です。

西井：それでは西山丘陵がある小矢部川左岸の古墳概要からご紹介しましょう。

富山県の西部を北東に流れ、富山湾に注ぐ小矢部川は県内で最も流れの緩やかな河川で、この左岸に続く丘陵には実に多くの古墳が分布しています。

南から蟹谷丘陵の安居古墳群をはじめ、西は倶利伽羅峠のある砺波山丘陵に埴生谷内古墳群や関野古墳群、若宮古墳があり、子撫川が合流する桜町遺跡の近くには天狗山古墳群や桜町横穴墓群があります。そしてここから北東へ続く丘陵が西山丘陵で、ここには田川オオノントウ古墳群や上野古墳群、土屋古墳群があり、城ヶ平横穴墓群や加茂横穴墓群、江道横穴墓群もここにあります。

さらにこの延長上には四十九古墳群や板屋谷内古墳群が続き、二上山丘陵では東海老坂古墳群や東上野古墳群、城光寺古墳群のほか、河口近くの矢田上野古墳群へと連続しています。また富山湾に面して国分山古墳群や、桜谷古墳群があります。

これらの古墳総数は400基を超え、このうち前方後円墳が11基、前方後方墳が13基あり、河口近く二上山丘陵周辺に前方後方墳が多いようです。30 m級の大型円墳も各主要古墳群にあります。

西山丘陵のふもとには伏木台地の越中国府へ続く古代道があり、このルートこそまさに古墳街道とよぶにふさわしいところです。それぞれの古墳は集落から離れ、集落を見下ろす台地の先端や、丘陵頂部など高い位置に多くあり、小矢部川の緩やかな流れが、これほど多くの古墳を造る勢力を育んだと思われます。

**片山**：スタートは小矢部市の埴生にある若宮古墳からです。

**西井**：この古墳は東に砺波平野を見下ろす台地の先端部に築かれています。前方部を南に向けた全長50 mの前方後円墳で、古墳の形が良く残っており、後円部や前方部から埴輪が見つかっています。埴輪がある前方後円墳は富山県では氷見市の朝日長山古墳とこの若宮古墳の2基だけです。しかも朝日長山古墳はもう崩され残っていませんので現在は県内で唯一の古墳です。朝日長山古墳は6世紀前半で若宮古墳がそれよりやや先行するようです。

**写真1　若宮古墳全景**（西から）

**片山**：この辺りにはこの若宮古墳以外にもいっぱい古墳があるのですね。

**西井**：そうですね。ちょうどこの若宮古墳を見おろす西側標高約140 m

余りの尾根に、全長約 47.5 m の前方後円墳で 3 世紀末ごろの谷内 16 号古墳や方墳が多くあり、やや低い位置には直径約 30 m の円墳で、5 世紀前半の鉄製武具や武器を多く出土した谷内 21 号墳があります。

また若宮古墳がある舌状台地のつけ根にあたる石坂地内は、西から砺波山の倶利伽羅峠をこえて越中へはいる古代北陸道の玄関口に位置し、ここに 4 世紀前半で推定全長約 60 m の前方後円墳となる関野 1 号墳や直径 30 m の円墳で、5 世紀前半の鉄製武器や石製玉類を多く出土した関野 2 号墳などがあります。

このように若宮古墳周辺では 3 世紀後半から 6 世紀ごろまで前方後円墳や大型円墳の首長墓が継続して造られ、古墳が集中する地域といえます。

この地域では古代に砺波臣氏が活躍していますが、これらの首長墓と深いかかわりがあるのでしょう。

今、私達は若宮古墳の後円部墳頂に立っていますが、この真ん中にブロックで色分けされたところが埋葬施設のあるところです。

**片山**：ここに眠っておられたわけですね。

**西井**：そうですね。平成 10 年と 11 年の確認調査では、木炭を大量に使った埋葬施設と鉄刀や鉄矛などの副葬品があることはわかったのですが、そのままま埋め戻してあります。

**片山**：まだ今、下に。

**西井**：そうです（笑)。

**片山**：　西井さん、こちらの古墳なのですが、何となくイメージ的にとても整備されていて、公園という感じがしますね。

**西井**：この古墳は平成 5 年に富山県指定史跡となり、そのあと若宮古墳公園としてされたものです。

**片山**：ご家族連れでちょっと遊びに来たり、そういったこともできるようになっていますが、小矢部市というのはそういう遺跡やそういったものに関したまちづくりがとても上手に感じます。

**西井**：いいえ、まだこれからです（笑）。桜町遺跡は調査が進んで、縄文時代の建築部材や木製品などいろいろなものが出たということで全国的にも有名になりましたが、今は大量の出土遺物の整理中で、遺跡の整備はこれから先なんです。

**ナレーション**：続いては福岡町です。西山丘陵の城ヶ平山を登ること 20 分の斜面に無数の横穴墓が並んでいます。

**片山**：この辺りはこれまで見てきた、古墳と言われてイメージするものと違うと思うのですけれども。

**西井**：そうですね。ここは平野が非常に良く見えるところです。標高は 150～160 m ぐらいで、県内の横穴墓では最も高い位置にあり、しかも平野部からの比高も 130～140 m と大きいのが特徴です。谷をはさんで西側の加茂横穴墓群は標高 50～70 m ですから、隣り合う横穴墓群でもそれだけ高さの差があります。

城ヶ平横穴墓の数は 52 基あり、西山丘陵の横穴墓群では最も多い数です。

この山腹に掘られた横穴墓といいますのは、その中に玄室という広さが約 2 m 四方ばかりの遺体を葬る場

※山頂近くに分布
**写真 2　城ヶ平横穴墓群**（南東から）

所があって、その入り口の羨門部分をふさいでいます。あとになって家族や血縁者を葬るときは羨門を開けそこに追葬することができるんです。古墳では1人の遺体を葬るというのが一般的ですが、横穴墓では何体も葬っているのがあります。

この横穴墓の前には白い貝殻が散らばっているのが見えます。この貝殻は地山の頭川砂岩層に含まれているもので、城ヶ平横穴墓はこの固い砂岩層を掘って造られています。ここばかりでなく西山丘陵の横穴墓群ではいずれも頭川砂岩層に造られているのが特徴です。

西山丘陵など小矢部川左岸地域の横穴墓は12群157基があり、この数は氷見地域の172基に次ぐものです。これらは6世紀末から7世紀に造られています。

**ナレーション**：横穴墓は地域とのかかわりが深いのも特徴です。地域の皆さんは長年たくさんの人が横穴墓を見に行きやすいように、草を刈ったり案内板を新しくしたりしています。小さいころから親しんできた遺跡だけに、愛着もひとしおだからです。

**地域の男性**：中へ入ると涼しいのです。だから、中で居眠りしたらぐっすりと寝られます。

**ナレーション**：土砂が流れ込んで埋まってしまっている横穴墓がありました。地域の人々は多くの人にこういう現状を知ってもらいたいと話していらっしゃいました。

**片山**：さらに北上して、高岡市の桜谷古墳にやってまいりました。JRの雨晴駅から近い所にあるのですが、西井さん、この桜谷古墳というのは私たちにとっては聞いたことがある、有名というイメージがあるのですが。

**西井**：桜谷古墳群は大正7年に発見され、2基の前方後円墳をはじめ円墳な

**写真3　桜谷1号墳**（南から）

ど全体で13基ほどが分かっております。そのうち1号墳と2号墳が昭和9年に国指定史跡となりました。富山県の指定史跡古墳としては最も早い段階でそれでよく知られていると思います。

1号墳は全長62 m の前方後円墳で、標高約12 m と桜谷古墳群の中では最も低い位置に立地しています。昭和51年から52年にかけ古墳南側の道路予定地の発掘調査で、墳丘裾をめぐるL字状の溝がわかり前方後方墳となる可能性もあります。海をすぐ近くに見おろすところにあり、柳田布尾山古墳の発見以来、両古墳が相互に見える位置にあることや、低い丘陵に立地する共通性から、何らかのかかわりがあったと思っています。

**片山**：今私たちは第2号墳の上に立っているわけなのですが、こちらから上が古墳なのですね。

**西井**：はい、この平らなところから上が墳丘ですね。1号墳を見おろす高い位置に造られています。2号墳は全長約50 m の前方後円墳ですが、後円部が高いわりに前方部はあまりはっきり残っていません。この古墳からは発掘調査ではないのですが、碧玉製の石釧や管玉のほか銅鏡片が出土しています。石釧は腕飾り、管玉はネックレスで、石製装身具の多いのが2号墳の特徴です。4世紀後半ごろの古墳とみられています。

桜谷古墳群は長期間にわたって造られ、早くから射水郡域に勢力があった伊弥頭国造の大河音足尼にかかる墓域との指摘があります。

**片山**：西山古墳街道、最後にご紹介しますのは、氷見市の柳田布尾山古墳です。こちらはすぐそこに160号線が走っておりますが、何とも大きい古墳なのです。

**片山**：では西井さん、参りましょうか。大きすぎてどこからどこまでか分からないですね。

写真４　整備中の柳田布尾山古墳（西から）

**片山**：山みたい。

**西井**：山ですよね。

**西井**：この古墳は前方後方墳で、全長は107.5 m、高さは前方部で約６m、後方部で約10 m になります。標高約25 m の丘陵端にあり、古墳の側面が海に臨む方向で造られています。古墳の大きさからみますと前方後方墳としては日本海側で最大規模、全国でもベストテンにはいる規模の古墳なのです。大きさが示すように、この古墳に葬られている王者の力を表わすものという具合に理解していいと思います。氷見の港から日本海を舞台に、各地といろいろと交流をした、そういう力を蓄えた人がここに眠っているのではないかと思います。

**片山**：工事なのですが、これは一体何の工事ですか。

**西井**：はい、柳田布尾山古墳は平成13年に国指定史跡となりまして、平成15年度から整備事業を進めているところです。平成18年４月には柳田布尾山古墳公園として開園する予定です。ここには展望台を備えた古墳館も計画され、古墳関連の展示や古墳を訪れた方々への談話、休憩の施設となります。

　視点を変え、古墳や古墳から見える日本海や能登半島に古墳時代の想いを馳せていただければと思います。

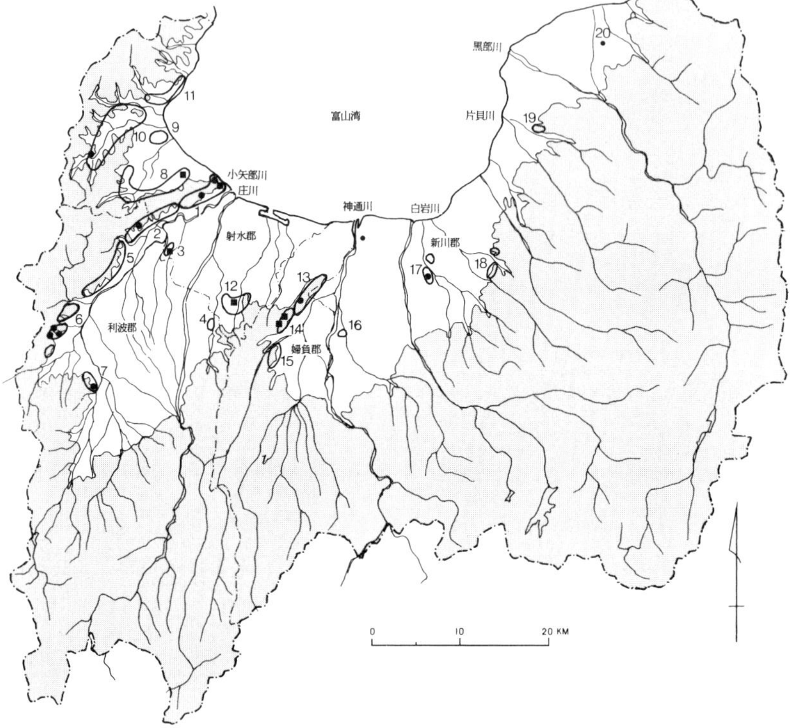


1. 桜谷、国分山、矢田上野、東上野、城光寺、鳥越、院内谷内、二上谷内、東海老坂
2. 西海老坂、須田不動山、五十里、板屋谷内、四十九、道ヶ谷内、男撲、立山、笹八口、柴野
3. 石塚
4. 常国
5. 赤丸、土屋、上野、向田、田川オオノントウ
6. 天狗山、屋波牧、後谷、谷内、若宮、関野、野端、道林寺
7. 箕輪大将軍、興法寺、安居
8. 柳田布尾山、堀田、西光寺山、飯久保後山、万尾、惣領
9. 朝日長山、朝日寺山、朝日潟山
10. 泉、泉往易、中村天場山、中村粟屋、小久米、日名田、早借、早川、上田
11. 加納蛭子山、加納中程、稲積、阿尾島田、余川金谷、指崎向山、指崎大谷、宇波、脇方
12. 五歩一、宿屋、流通業務団地内、変電所西、山王宮、生源寺、大塚
13. 杉坂、呉羽山丘陵、杉谷、金屋天神山、金屋前段、古沢塚山
14. 王塚、勅使塚、六治古塚、五ツ塚、向野塚、添ノ山、鏡坂
15. 富崎、富崎千里
16. 伊豆宮、押上
17. 稚児塚、竹内天神堂、藤崎、清水堂
18. 柿沢、斉神新
19. 阿古屋野
20. 藤塚

富山県の古墳・墳丘墓分布図

## 富山県内古墳・墳丘墓の概数

2004.2

| 番号 | 旧郡域 | 現市町村 | 古墳数 | 前方後円墳 | 前方後方墳 |
|---|---|---|---|---|---|
| 1 | 射水 | 高岡市 | 128 | 2 | 7 |
| 2 | | 〃 | 39 | 2 | 3 |
| 3.4 | | 〃 | 12 | — | 3 |
| 8.9 | | 氷見市 | 73(1) | 3 | 1(1) |
| 10.11 | | 〃 | 307(8) | 13 | 5(1) |
| 12 | | 小杉町 | 74 | 1 | 1 |
| 12 | | 大門町 | | | |
| | 小計 | | 633(9) | 21 | 20(2) |
| | | | | | |
| 2 | 砺波 | 高岡市 | 67 | 2 | 2 |
| 2 | (利波) | 福岡町 | 83 | — | — |
| 5.6 | | 小矢部市 | 81 | 4 | 1 |
| 7 | | 福野町 | 5 | 1 | — |
| | 小計 | | 236 | 7 | 3 |
| | | | | | |
| 13 | 婦負 | 富山市 | 60 | 3 | 3 |
| 14.15 | | 婦中町 | 41 | - | 4 |
| 16 | | 富山市 | 4 | - | - |
| | 小計 | | 105 | 3 | 7 |
| | | | | | |
| 17 | 新川 | 富山市 | 4 | - | - |
| 17 | | 舟橋村 | 1 | | 1 |
| 17 | | 立山町 | 3 | 1 | - |
| 18 | | 上市町 | 22 | 1 | 2 |
| 19 | | 黒部市 | 6 | - | - |
| 20 | | 朝日町 | 1 | - | - |
| | 小計 | | 37 | 2 | 3 |
| | 合計 | | 1011(9) | 33 | 33(2) |

上記の古墳数には消滅したものも含まれている。(　) は墳形が不明確。

弥生時代の墳丘墓は古墳数に含まれるが、方形周溝墓や横穴墓は含まれていない。富山県下の古墳分布は県西部に多く (約86%)、中でも射水郡域では他郡域に卓越して多く全体の63%を占める。前方後円墳と前方後方墳の数はほぼ同数に近いが、呉羽山丘陵や二上山周辺では前方後方墳が比較的多い。

# 富山県内の古墳の編年

網掛けは調査された墳墓

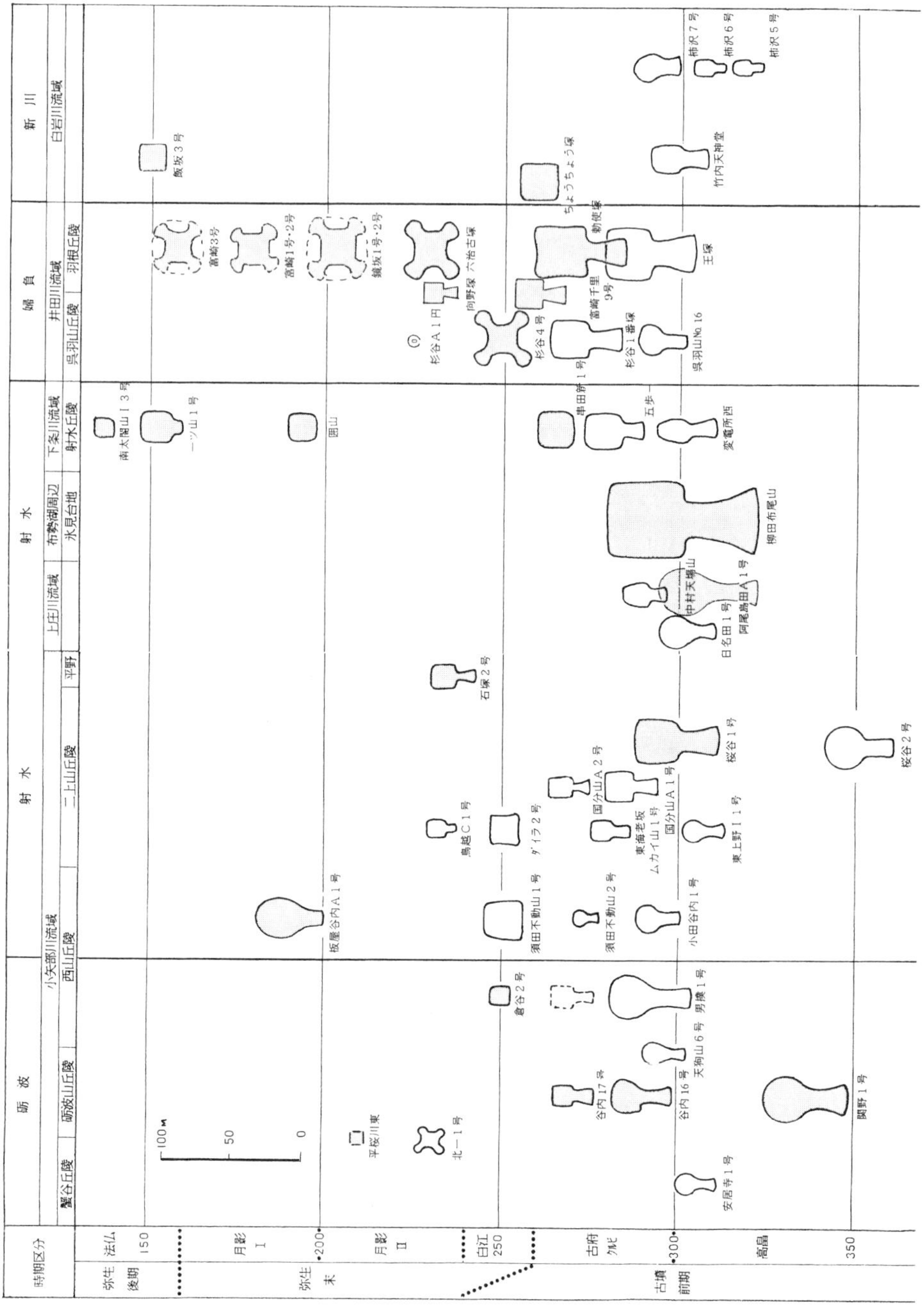

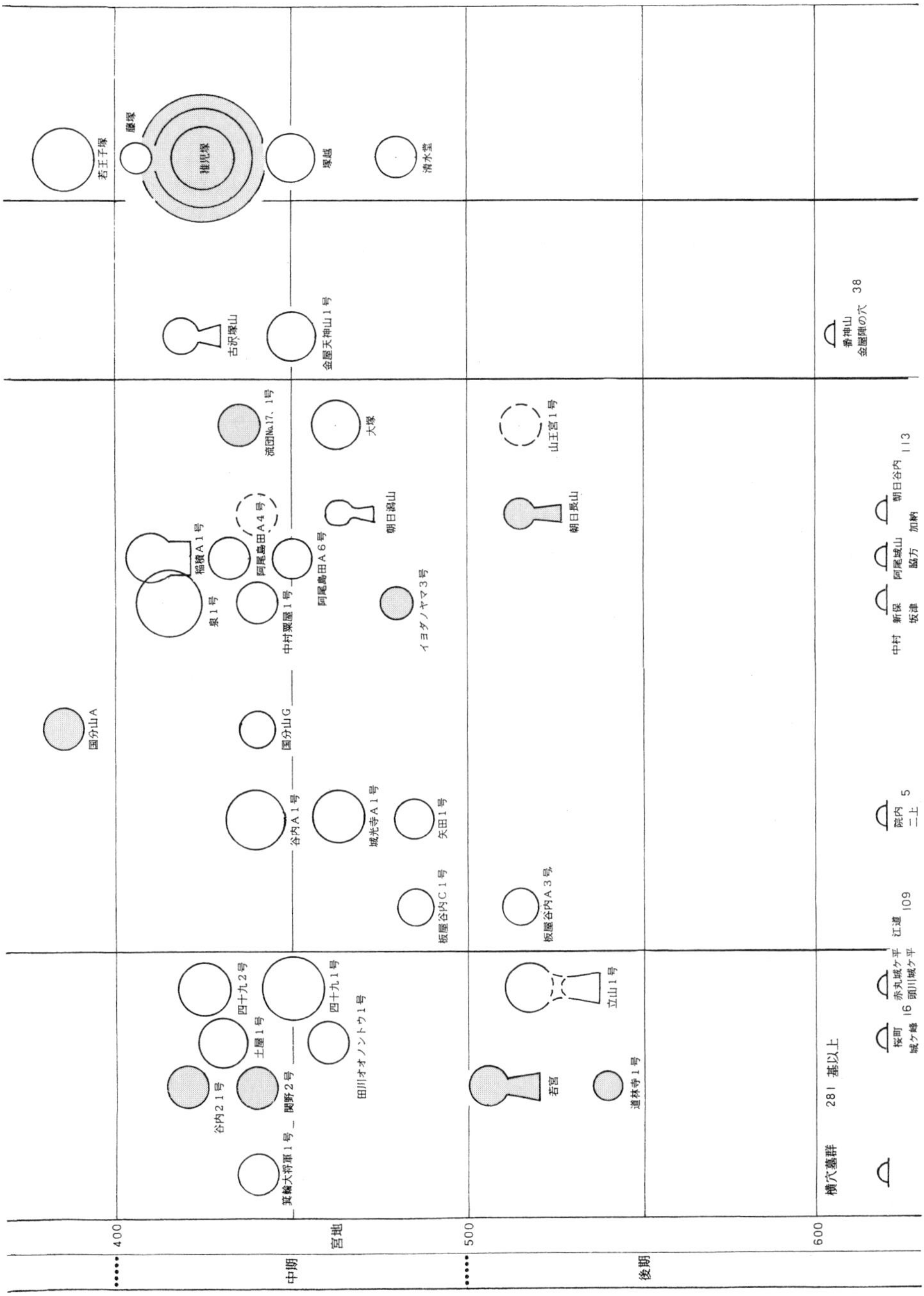
若王子塚
膳塚
稚児塚
塚越
清水堂
古沢塚山
金屋天神山1号
番神山
金屋陣の穴 38
流団No.17. 1号
大塚
山王宮1号
朝日谷内 113
阿尾島田A4号
朝日潟山
朝日長山
稲積A1号
阿尾島田A6号
泉1号
中村栗屋1号
イヨダノヤマ3号
加納
阿尾城山
脇方
中村
新保
坂津
国分山A
国分山G
谷内A1号
城光寺A1号
矢田1号
院内
二上 5
板屋谷内C1号
板屋谷内A3号
江道 109
四十九2号
四十九1号
土屋1号
田川オオノントウ1号
立山1号
赤丸城ケ平
16 頭川城ケ平
桜町
城ケ峰
谷内21号
関野2号
若宮
道林寺1号
281基以上
横穴墓群
箕輪大将軍1号
400
宮地
500
600
中期
後期

# 遺跡＋整備＝魅力

パネリスト　広瀬　和雄
谷本　　亙
栗山　雅夫
司　会　片山あさの

**写真1　フォーラム座談会のはじまり**

**片山**：皆さん、お待たせいたしました。第II部がスタートしました。第II部は座談会になりまして、今日の目玉といいますか、クライマックスです。

先ほど西井先生に小矢部市・福岡町・高岡市・氷見市の代表的な古墳・横穴墓をご案内頂くVTRをごらんいただきましたが、西山丘陵には数多くの古墳、遺跡がございます。これらを活かしたまちづくりをどうやって進めていけばよいのか考えてみたいと思います。

なお、本日のこの座談会には石澤町長もご出席の旨をご案内しておりましたが、残念ながら町長は病気療養中のため御参加いただけなくなりました。

私、町長からのメッセージを預かっておりますので、ここでご紹介をさせていただきたいと思います。

**石澤町長**（代読）：本日は、ふくおか歴史文化フォーラム「黄泉之国再見—西山古墳街道—」を開催しましたところ、たくさんの方々のご参加を賜り心からお礼申し上げます。突然のことで申し訳なく思いますが、病気療養のため残念ながらフォーラムに出席できなくなりました。広瀬先生をはじめ、井上先生、谷本先生、それにご来場の皆様にご迷惑をおかけし、深くおわび申し上げます。

ふくおか歴史文化フォーラム「黄泉之国再見—西山古墳街道—」は、福岡町政50周年の記念事業の一つとして、一昨年に盛大な盛り上がりを見せました木舟城シンポジウムに続くものとして企画いたしました。

西山丘陵については、現在、町の教育委員会が中心となって、西山丘陵整備基本構想策定委員会を立ち上げ、丘陵整備のための基本構想を取りまとめる作業を開始しております。今回のフォーラムにつきましてもこの整備構想に反映するものになればと願っております。

さて、この4月私は東京国立博物館に足を運ぶ機会があり、展示品を見てまいりました。そこには、わが町の城ヶ平横穴古墳の出土品が燦然と展示されておりました。こうした福岡町の宝物ともいえる出土品を、東京国立博物館のご協力を得てお借りすることが出来ました。さらに、小矢部市・高岡市・氷見市・富山県埋蔵文化財センター・奈良文化財研究所のご協力も得て、町に居ながらにして豪華な副葬品の数々を目にする機会を迎えることができ感動いたしております。

本日は、なんとか出席し皆様と福岡町のいにしえを振り返り、福岡町の歴史や文化を土台に今後のまちづくりを語りあうことを楽しみにしておりましたが、欠席することになり非常に残念に思っています。どうか、最後まで「ふくおか歴史文化フォーラム」をお楽しみいただき、町に対する愛着を深め、文化財を活かしたまちづくりにたくさんの夢を感じていただければと思います。

片山：こういうメッセージを頂きました。町長もご出席いただけなかったことを残念に思っていらっしゃいますが、この西山丘陵を生かしたまちづくりに関してはとても期待をなさっています。これからの座談会で一つでも多くのすてきな提案、そして夢などが出るように進行できればと考えています。

それでは、この座談会の参加者の方々をご紹介してまいります。

まずは福岡町教育委員会で文化財保護を担当していらっしゃいます、栗山雅夫さんです。どうぞお入りください（拍手）。どうぞお座りくださいませ。

栗山さんは今日この座談会に出ていただく方々の中で、いちばん福岡町の古墳、遺跡についてお詳しいですし、この整備構想の中心的な役割を果たさなければならない立場の方だと思います。VTRの中では西山丘陵付近の四つの古墳・横穴墓をご紹介しましたが、例えば古墳の数は西山丘陵にどのぐらいあるのか、そういったことは分かっているのですか。

栗山：はい。古墳については、長年にわたる研究の積み重ねがありまして、県内全域ですと、約1,000基余りの古墳が確認されています。富山県の西部で約850基が確認されているということです。このうち、映像でも御覧頂いた小矢部川左岸地域は、大体300基程度とされています。

写真2　片山あさのアナウンサーと栗山雅夫文化財保護主事

片山：県内全体の3割ということになりますね。

栗山：そういうことになります。そして、福岡町の遺跡地図から古墳と横穴墓を拾い上げていくと96基となります。これ以外にも単体で確認されている横穴墓はいくつかありますので、そういうのを入れていくとさらに増えていって結構な数になりますね。西山丘陵は、県内でも古墳や横穴墓が集中する地域と言っていいと思います。

ちなみに、横穴墓についていえば、これまでに確認されている横穴墓の総数が290基余りとされています。その分布は小矢部市、福岡町、高岡市にまたがる小矢部川左岸地域と氷見平野をとりまく地域、呉羽山丘陵地域の3地域に集中しています。そして、県西部では全体の9割以上という圧倒的な割合を誇っています。福岡町では、全体の3割にあたる約80基が確認されています。

**写真3　国指定史跡　高岡市桜谷古墳**

片山：発見されていない横穴墓もあると考えられるのですよね。

栗山：そうです。先ほど説明させていただいた数字は、あくまでも現在までに確認されている数ですので、未確認のものを加えると実際はもっと多くなると思います。ただ、比率についてはそういう割合というか集中度合いであると考えていいと思います。

それから、地元の方から横穴墓らしいものがあるという情報が寄せられることもあります。もしかしたらこの会場にお越し頂いている方のご先祖様のお墓かもしれませんし、永い間安らかにお眠りになっていらっしゃるので、すぐに開封するということは慎みたいとも思うのですが、未開封の横穴墓もまだまだ存在すると思います。それに調査されている古墳についても本当にほんの一部に限られています。ですから、これから少しずつ研究を進めて、発掘する機会が訪れた時には、万全の準備をして発掘したいと考えています。

片山：そうしますと、まだまだ古墳、遺跡の数も増えていく可能性があるわけですよね。先ほど町長のメッセージの中にも少し出てまいりましたが、文化財を活かしたまちづくりを目指す長い長いお名前の策定委員会、「西山丘陵整備基本構想策定委員会」というものが立ち上がったということですが。

栗山：はい。第１回目の会議が、本当につい最近、先月８月に初回の委員会を開催して、委員の皆さんと現地を回りました。委員さんは８名の方がおられるのですが、先ほどのVTRで案内人をつとめて頂きました西井さんを会長に学識経験者と公募の委員を含む地元関係者で構成しています。事務局は、私も所属する教育委員会生涯学習課が担当しています。それに、まちづくりの構想をまとめる上で整備事例やノウハウといった情報を持っている経済振興・都市建設・総務の各課にも参加してもらっています。

そして、今年と来年の２年をかけて今後の整備や活用の指針というか拠り所となる整備基本構想をとりまとめる予定です。

片山：２年がかりで基本的な構想をまとめて、それから整備をということですね。

栗山：そういうことになります。まず、西山丘陵一帯にはどういうものがあるのかという基礎的なところから始めて、まちづくりにそれをどう生かしていけるのか、文化財をどういうふうに扱っていけばいいのか固めていきたいと思います。その上で、遺跡や文化財を用いて整備するというように段階を踏んでいきたいと考えています。ちょっと息は長くなってしまうのですが、その分、計画を実現する時にはそうした基本理念をきっちりと反映した形にしていきたいと思っています。

片山：なるほど。今日のこのフォーラムも、委員会になるとある程度限定された方々で進めていくことになると思いますが、一般の町民の皆さんからのご意見、ご提案もあるかと思いますので、そういったものも役立てていければいいですね。

栗山：そうですね。整備構想に対する町民の皆さんの生の声をいただきたいという思いもあって、提案箱を会場に置かせていただいています。それに、身近にある町役場ですので、気軽に教育委員会のほうにお越しいただいて、直接私にこうしたらいいのではないかということをどんどん言っていただければと思います。

片山：そうですね。今日だけではなくて、「いい案が思いついた！」という時にはどうぞ栗山さんを訪ねていっていただきたいと思います。

さあ、今日この座談会で私と一緒に福岡町の未来について考えていただくかた、次のかたをご紹介したいと思います。

続いては地域振興研究所の谷本亙さんです。谷本さん、どうぞお入りください（拍手）。よろしくお願いします。どうぞお座りください。

谷本：よろしくお願いします。

片山：谷本さん、地域振興研究所とご紹介をしましたが、何をするところですか。

**写真4　谷本　亙主任研究員**

谷本：基本的にはシンクタンクですから、調査・研究です。それはそれとして、私は各種の事業を推進するということをずっとやっておりましたものですから、そういう意味ではこれについてどううまくやっていけばいいかと、相談を受けながらご一緒にそれを成功、あるいは達成していくということをずっとやってまいりました。そういう意味で、どんなものであっても、分かる範囲で、あるいは分からなくても何とかトライをして、その事業をうまくいい形で、地域に貢献するように結びつけていけばいいかなと思っています。

片山：どんなものであってもというふうにおっしゃいました。今回は古墳を中心とした遺跡がその「どんなもの」になると思いますが、遺跡でまちづくりをしていくというのは、多いのでしょうか。

谷本：全国的に見れば、歴史的なものを含めて文化的なものの素材を活かすというのは、非常にたくさん出てきていると思います。これまではどちらかといえば産業優先といいますか、アミューズメント優先であったとすれば、知的なエンターテインメントといいますか、アミューズメントという意味では、その土地固有の文化や歴史というのは非常にいい素材だと思いますので、それを活かしていくというのは、今後のまちづくりとしてはいちばんいい形ではないかと思います。

住民のかたも自分の住んでいらっしゃる地域のことと常にかかわりがあるものですから、やりがいもあります。いろいろな形で自分の住んでいる地域を見直したり、あるいは自分の人生そのものを考えていただくというところまでいきます。そういう意味では、歴史・文化と関わるまちづくりは今後も増えてくると思っていますし、重要なことだと思います。

片山：分かりました。谷本さん、福岡町とのかかわりはおありでしょうか？

谷本：私は最近合併した南砺市の福光の出でございますし、小矢部川上流の福光からは「西山」と言っていたかどうか別として、福岡のほうの丘陵というのはずっと眺めてきたわけです。

また、氷見、高岡、小矢部も含めて言えば、非常に深くいろいろある所だなとイメージしていました。実は古墳についてはそんなに見識がなかったのですが、今、温泉宿泊施設がある所の運営や休校している小学校の校舎をどうするかというところでのかかわりがありました。今回も西山という大きな枠組みの中でもう少し考えてほしいということだったと思いますが、そういうかかわりは持っておりました。

片山：なるほど。今日もいろいろな地域づくりの手腕を発揮していただきたいと思います。よろしくお願いいたします。

谷本：よろしくお願いします。

片山：さあ、もうおひとかたです。先ほど第I部のほうで古墳についていろいろお話をお伺いしました、奈良女子大学教授の広瀬和雄先生にもお入りいただきます。広瀬先生、お願いいたします（拍手）。よろしくお願いします。

片山：先ほどちょうどお時間になったところで、このお話は第II部でということになりました。そのあたりのお話をこのあとお伺いできると思います。

先生は横穴墓をごらんになったというお話を第I部のほうでしていらっしゃいました。私も、VTRの中で見ていただいたと思うのですけれども、城ヶ平のほうを登りました。何とも景色がよろしくて、雨だったのがちょっと残念だったのですが、行くまでの道のりは自然を楽しみながら歩いてまいりました。地元の人でもあまり見ていらっしゃらないと思います。さっき先生は暑かったという感想をおっしゃっていましたが、景色とか雰囲気、

写真5　広瀬和雄教授

道のりなどはどうでしたか。

広瀬：なかなかいいものでした。ただ、木がいっぱい生えていたので、景色を楽しむためには、もう少し切っていただかないとという話をしました。今見ていただいているこの景色ですね。

片山：この景色ですね。

**写真6　元取山頂からの景色**

広瀬：元取山という高い所に栗山さんに案内していただきました。実に素晴らしい景色でした。正面に立山連峰が見えて、左の方に富山湾が見えて、小矢部川が作った自然堤防といって、ちょっと小高い地形の所にたくさんの村が立地していました。まさしく地形に刻まれた歴史のようなものが見えました。もっと言えば、人間と自然の闘いというか調和というか、そういうものが見えたような気がしました。

その下に横穴墓が、この斜面にあったのですかね。これはお聞きするとあまり知られていないし、見られていないということなのですが、あんな景色は私が居る関西ではめったに見られません。あれはやっぱりこの地域の財産だと思いますので、行きやすいようにちょっと道を造っていただいて、あるいは山のてっぺんをもう少し削っていただいて、フラットにして、四阿《あずまや》のような休憩所を造っていただければと思います。私などは遠いのでめったに来られませんが、地元のかただったらそこで1～2時間小説を読むとかできそうですね。景色に関しては最高だと思いました。

片山：実は栗山さんも一緒に行ったのですが、私が行ったのは城ヶ平のほうです。あちらも一応階段はついているのですけれどもね。

写真7　城ヶ平山

**栗山**：地元のかたが年に数回、草刈りをしていただいているのですが、夏草の成長はすごいですから、少し間が開くと、道が草でうっそうとしてきます。

**片山**：そうですね、あの辺りも例えばまちづくりという観点から考えていくと、これから考えていかなくてはいけない部分かと思いますね。それにちょっと歩く距離もありましたから、今、広瀬先生がおっしゃったように、途中に何か休憩できる場所を設けたりといったことも必要かと思います。

広瀬先生、もう一つお伺いしたいのですが、先ほどの第Ⅰ部のお話と少し重複してしまうかと思いますが、先生は歴史のストックを活かしたまちづくりがとても大切だとお考えですよね。具体的な例などを挙げていただけますか。

**広瀬**：福岡町の加茂横穴墓も城ヶ平横穴墓もそうですが、簡単に言えば、せっかく今まで残されてきた歴史遺産を活かさない手はないということです。ここに行政のかたもおられると思うのですが、いままで日本の場合は物づくりということで、ここもりっぱな施設ですが、いわゆる箱物をいっぱい造ってきたわけです。ちょっと今、日本全体が左前になって、物造りがさほどできなくなったときに、いまあるものをもっと有効的に使うという発想が大事だと思うのです。

いまあるものは、どれもみんなそれぞれの歴史的経緯を経ているわけです。全部が全部は活かせないと思うのですが、さっきも言いましたが、研究という名前の故事来歴をくっつけていくつか選んだものを活用したい。加茂横穴もそうですが、道が途中で落ちるかと思ったような急斜面だったので、ちゃんと見学道を整備する。好きな人だけの、一部のものだけにするのではなくて、いくつかいいものを選んで、そこは誰もが見学できるように、一部自然破壊にはなると思いますが、歩きやすい道を造ったり木を切ったりして、ゆっくりと見られるようにしていくことが大切です。

人間というのはつながりがないと生きていけない動物です。平面的なつながりと時間的なつながりがあるわけですが、時間的なつながりですね。過去とのつながり、そういうものを気にしないと、人間は生きていけない動物だと思います。素晴らしいものがここには残されてきたのですから、それを活かした環境づくりをしないのはもったいない。さほど歴史遺産のない地域もあって、そういうところでこういうシンポジウムをやられると、どう言えばいいかよく分からないときがあるのですが、福岡町の場合はたくさんありますので、そういうストックをちゃんと活かす。そして、そのストックの持っている潜在的価値をもっと顕在化してやる。そして、だれもが行きやすいようにする。そのためにはきちんとした理念や志、方法、財源などが要りますが、そういうまちづくりをこれからしていくべきだろうと思います。

現にこの近くだと金沢とか、あの辺はやっているわけですね。古墳時代の横穴墓などはなかなか一般的に周知されにくいところがありますが、なんとか町づくりに活かしてほしいものです。

写真8　富山県指定史跡　城ヶ平横穴古墳

片山：今、広瀬先生のお話の中にも現地への道のりのお話もいっぱい出てきました。VTR でも整備の状況というのはいろいろだったのがお分かりいただけたかと思います。最初の小矢部の若宮古墳などは本当に新しい整備の仕方という感じがしました。高岡市の桜谷古墳に関しましては、文化財に指定されたのが古いこともあってか、そういったアミューズメント的な部分が少ないなと感じました。これから造るものは未来につなげるものですから、いろいろな楽しみ方があってもいいと思うのです。そのあたりはどうでしょう。谷本さん、いろいろご経験をなさっていると思うのですが。

**谷本**：私も一緒に登りました。それでこの景観というのは眺望も含めてやっぱり素晴らしいなと思います。これはいい悪いということではないのですが、西日本の方へ行きますと、山があったり平野があったり、デコボコしているといいますか、あまり「山」「平野」というようにはっきりしていなくて、我々富山県の出の人間が行きますと、「山なら山、平野なら平野、川なら川とはっきりしてよ！」と言いたくなるぐらいに入り組んでいます。

福岡町の場合には、それはすっきりしている。ただ、ちゃんと見せるには、今ほど言われたような森林管理、森林整備と一緒にしないといけません。例えば、楽しむという意味では憩いの場、休み場、それから実は鉱泉がけっこう中にいくつかあります。今はちょっと廃れてしまったものもあるのですが、民家とか、そういったものもうまく活かして、そこで時間がきちんと過ごせるといった所をどうするかというのを、考えないといけないでしょうね。

それから森のほうの話にしても、もともと森に木はあったのか、なかったのかという話でいいますと、もともとそんなのはなかった。元取山という名前なので、元通りにしてもいいのではないかと思ったぐらいです。では元はどうだったのかというと、やっぱり横穴墓も含めてすっきり見えたと思うのです。竹もすごく多いです。孟宗竹が多いと思いますが、この竹は江戸時代半ばぐらいから伝来したものですし、美観として景観をきちんとするということも大切です。杉林が非常に素晴らしいという所もあっていいと思いますが、実がなる落葉、あるいは広葉樹が適当にあるといいと思います。いわゆる美学として眺望も含めて考えていくということと、古墳をきちんとした形で残していくということを、両立しないといけないと思うのです。

ですから、本格的な散歩道はぜひ造っていただきたいと思いますので、そういう森林管理や植生管理というところも含めてぜひ考えていただきたいとは思います。

**片山**：今お話の中にありました散歩道、これはもちろん大切なものだと思うのですが、もう一つお話の中に、「その中で時間が過ごせる」というお言葉が出てまいりました。散歩して行って帰ってくる。もちろんそれもこれまでに現地を訪れたことのない方がまず行くという部分ではとても大切なことだと思うのですが、プラス $\alpha$ として何か時間を過ごせるものがあっていいのではないかと私などは思うのです。

例えば植物が好きな人だったらそれだけで楽しめるのですが、ではご家族連れで行ったときにとか、お年寄りが行ったときに、もし温泉が出ればそういったところでもお時間を過ごしていただけますし、例えば今日は外でいろいろなワークショップをやっていましたよね。子供たちは本当に楽しそうにやっていました。ああいった体験ですよね。子供たちがこういったところにこういう遺跡があるのだと、自分たちの地元にはこういうものがあるのだということを大人になっても覚えていて、大切に思う気持ちを根づかせるというか、そういった部分の何かプラス $\alpha$ の楽しみも必要ではないかと思うのですが。

**栗山**：そう思います。おっしゃられるような実体験するというか、体を使って何かするということは大切な要素だと思います。それに、先ほど谷本さんがおっしゃられていましたが、景観はそうした行動の動機づけとして大切だと思います。福岡町に限らないと思いますが、景観は、昔とは大分変わってきてはいます。それから、平成 12 年から、文化庁主導のもとで文化的景観に関する調査が行なわれています。そして、平成 15 年には、全国で 180 の地域が重要地域として選定されています。県内では 5 つの地域が選定されています。砺波平野の散居村などですが、単独市町村では 3 箇所まで絞り込まれています。その中に「福岡町の菅田と菅干し」が選ばれています。福岡町の特産は菅笠なのですが、西山丘陵の谷あいで営まれる菅田と菅干しの風景が国をあげて保護すべき対象と考える地域に選ばれたわけです。

写真９　菅干しの風景

菅笠については、昔に比べると確かに需要は少なくなっていて、産業としては難しくなっている面がありますが、逆に文化財の面から見ると追い風になっているのです。そういう場所ですので、ぜひいい形で残して、ここを訪れた方々が文化財としての景観をとおして福岡町を知っていただきたいですね。それに、地元の方々にも当たり前のように見慣れた菅田と菅干しの景色が、実はとても価値のある他に誇ることのできる景色なのだと再認識していただける場所にしていければと思っています。

片山：今ちょうど見えますが、これがその菅干しですね。

栗山：そうです。まだ青々としていますので、菅を刈り取ったその日ですね。これを１週間ぐらい続けて、だんだん菅笠のような茶色い色になっていくのです。そして、笠を編んでいくことになりますから、本当に菅笠づくりの最初の段階ですね。

片山：今この菅笠の話がありました。この歴史文化フォーラムという点からですと、一昨年になりますか、「戦国の終焉」と題して富山県指定史跡の木舟城をテーマにしたシンポジウムといいますか、フォーラムがございました。そういった木舟城があって、菅笠づくりもあって、要するに文化財的なものはどうしても点と点になってしまいがちですが、それらをつなげると線になるわけです。そういうふうに総合的にうまく相乗効果を利用してまちづくりをしていくということが大切なのではないかなと思います。

**写真10　富山県指定史跡　木舟城跡**

こういう話をしていますと、もしかしたら広瀬先生、それは地域の個性というお話になると思うのですが、先生は個性があったほうがいいのか、無いほうがいいのでしょうか？　先程、ちょっとそういうお話をお伺いしたと思うのですが、どうでしょう。

**広瀬**：それはそこに住む人の問題ですね。個性のあるまちづくりをしたければ、現在の個性を培ってきた歴史と自然を生かすほかはないわけですから、それでいいと思います。

今のお話を聞いていて思ったのは、やはりこういう横穴墓を活かして史跡公園を造るとなると、どうしても一つだけの価値になりますから、あまり面白くないのですね。ここの場合は西山古墳街道と言うぐらいですから、さっきの木舟城ですとか、あるいは菅笠の見れる所など全部をつないでいただく。散策路などは斜面も削らなくてはいけないので、自然破壊だといわれる場合もあるかもしれません。例えば福岡町の歴史のストックを見ながらジョギングをするためのコースを造るとか、あるいは私などは花が好きなので、日本人はやはり桜ですから、桜の名所を何ヶ所かに作るとか。今だったら夏の花、何でもいいのですが、サルスベリの名所を作るとか、そういう史跡を生かしたネットワークを作りながら、その合間合間に何か付加価値をくっつけてやる。その付加価値が桜であったり、ジョギングコースであったりというふうにしないと面白くならないのではないか。

よくこういう話をすると、すぐ観光資源にという話があるのですが、私は何もかもがすべて観光資源でいいとは思いません。それは地域の人で決めて、西山古墳街道を観光資源として外向きに整備していくのか、そうではなくて内向けの、もっと豊かな生活環境を作るのだと。豊かな環境づくりを個性にして、それを逆に売り出すのだとか、いい知恵をこれから絞りだせばいいと思います。

地域の個性というのは、もう一度言いますが、それぞれの地域がたどってきた歴史的な経緯と、その地域が持っている自然しかないと思うのです。その風土に育まれた人間性などというのはあとからくっついてくるので、歴史と自然を活かしてどうするかということが大切だと思います。それともう一つ。こういうのは大体今まで行政が「勝手に」と言ったら怒られますが、決めてきました。私はこういうのにいくつかかかわっていていつも思うのは、税金を投入する割にはさほど活用されていない現状があります。たとえば、こういった史跡公園はマーケティングリサーチをほとんどやらないのですね。だから、そういう意味でワークショップなどいい機会だと思いますが、やはり地域の人びとの意見をある程度聞かねばならない。ただ、みんな聞いたら何もできませんので…そのあとは行政が旗振り役をやるというのも、私は大事だと思います。

これからのまちづくりには地域住民と行政のいい関係も作っていただきたいなと。何もかも聞くのではない。何もかも聞いたら本当にもう垂れ流しの行政サービスになりますし、それには私は反対なので、応分の負担も求めつつすすめていただきたい。そのときに、こういうシンポジウムの成果も使っていただいてという気がしています。

**片山**：谷本さん、今の広瀬先生のお話、いかがですか。

**谷本**：せっかくの合併記念でもありますし、今後大きな町にもなるということもありますので、その前提で言えば、古墳群のちょうど真ん中に福岡町があるし、横穴墓という非常に特徴的なものもあるわけですから、この辺でどうしても遺跡を活かしたまちづくりを進めるべきだと思います。たまたま福岡町内でもいいのですが、あまりモノの話や、会館の話を言うのも何ですけれども、やはり拠点となる施設としては古墳博物館っぽいものがあってもいいのかなと思います。今、民俗資料館とかありますけれども、より新しい解釈をされて、新しいテーマでそういった拠点的な施設というのも必要なのかなと、さらにここにあってもいいのかなと思います。

もう一つ、私は散歩道といいますか、ずっと古墳群を回るという考え方では、それぞれをアプローチするという方法と、もう一つ周りを回るというリング型のものがつながっているという形のものも面白いのではないかなと。

そこに、さっきから出ている憩いの部分と時間をたどれる部分と景観がいい部分とがいろいろ組み合わさっていくと、非常に大きな公園になると思います。例えば1日で行けるということもいいのですが、3日ほどかけないといけないとかがいいかも知れません。今、「熊野古道」とか非常に注目を浴びていますが、あれはなかなか全部簡単には行けないですよね。だから、すぐに行けるというのも価値だし、なかなか到達できない。それぞれの古墳に、88箇所めぐりではないですけれども、何かいわれが全部あって、それを回ると別の御利益があるような話になると、これはきちんと廻られるかたも多くなると思いますので、何かそういったものとうまく組み合わせていくのもいいのかなと思いました。

**片山**：広がりができて面白いですね。

栗山さんは今日ご出席いただけなかった町長のお考えも聞いていらっしゃると思うのですが、町長はどういいうふうにおっしゃっていましたか。

**栗山**：みなさんがお持ちになっている解説図録にも紹介していますが、「西山歴史街道」といううたい文句で、町民の皆さんに楽しん

**写真11**　国登録有形文化財　福岡町歴史民俗資料館

でいただけるような構想を考えておられます。そして、楽しむために、一つは施設、もう一つは体験学習的なものをうまく活かして光を当てて地域の魅力づくりに高めていきたいというようなことをおっしゃっておられました。せっかく多くの遺跡があることが分かっていますし、住民の皆様が西山丘陵という山に親しみを持って接していることも感じておられたので、何か実のあるものにしたいと長年ずっと考えておられたようなのです。そして、木舟城の範囲確認調査に続くシンポジウムもそうしたきっかけのひとつになるのですが、町内でそういう文化的なものに対する意欲が高まってきていることを目にする機会が増えてきたわけです。それに、ゆとりのある社会を志向する近年の世の中の動きも、文化財や遺跡に対して追い風になってきていますので、今というタイミングで、今回のフォーラムもそうですし、丘陵整備の委員会も立ち上げたという流れになっています。

**片山**：なるほど。町民の皆さんの関心が高まっているのがいちばん大切なことですね。今日も大勢のかたにいらしていただいているのですが、いらしていただいた方々の中で、提案箱にご意見を入れてくださったかたがいらっしゃいますので、こちらでいくつかご紹介をさせていただきたいと思います。

まず、お子さんがいらっしゃるのでしょうか、「子供たちが楽しく学べるように、ウォークラリー的な要素を盛り込めばどうか」というお話がありました。先ほどの谷本さんのお話と少し相通じるものがありますね。問題は子供たちが歩いて行けるかどうか。安全も確保しなければなりませんし、歩く距離的なものもあると思うのですが、いいお考えですね。

続いて参りましょうか。こちらは「とことん古墳でイメージづけをしてはどうでしょうか。例えば古墳弁当、古墳型のお墓…」（笑）。古墳型のお墓を造ってもそれは古墳と言わないのでしょうかね？　広瀬先生、どんなものなのでしょう。古墳時代に造っていないとだめなのですか。例えば私が自分で造ったら、これは「かたやま古墳」というようには…。

**広瀬**：ご自由に。（笑）

（会場　笑）

片山：自分で名前をつけるのは自由ということですね（笑）。今、お墓の形も好きにできますからね。可能性としてはあるかもしれませんね。あと、「古墳ソング、住居、古墳公園」。いろいろなことを書いていただいていますが、「例えば道の形状が古墳型であったり、古墳型の遊具などがあればどうでしょうか」というとても楽しい提案を頂きましたが、谷本さん、どうでしょう。

谷本：城跡を復元するという所でも、きちんと復元するという所と、ある程度改変してやるという所の二通りあるのだと思います。

そこでちょっと思いついたのが、親しみを持たせるという意味のものを何かもう一つ加えていったほうがいいのかなと。これは誰がそこに居るという、誰というのがなかなか分かりにくいものですから、人が浮かんでこない面で、多少親しみというよりも、近しさというか。そういうところでいいますと、シンボルマークではないですが、シンボル動物でもいいし、何かそういうものがあったほうがいいのかなと。奈良でもシカがいるのといないのでは全然違ったと思いますので、西山はタヌキなのかという話もあるのですが（笑）。

どれがどうというわけでもないのですが、何かそういう間にあるメディアというか、シンボル的なものを通して古墳に近づくということもやはり必要なのかなという気がちょっとしましたね。

片山：そうですね。子供たちもそういうものがあると、とても入り込みやすいと思いますし、そういったものに興味を持ってもらえれば、大きくなって大人になって、今度は自分たちが伝える側に回るかもしれないですしね。お手元の資料のほうに、これは「まがたん」というキャラクターがちょっと出ているのですが。

谷本：これは急きょつくったのですか？

**栗山**：これはフォーラムに合わせて、スタッフに急きょ作って頂いたキャラクターなのです。

**図1　マスコットキャラクター「まがたん」**

**片山**：急きょ作ったのですか！　そういった感じのものでも、谷本さん、いいのですね。

**谷本**：子供さんに親しんでいただければ、親御さんもついてきますし、それはどんどん次の世代につながるわけですから。もちろん古墳の場合は、聖なる場所だよということはきちんと言った上での話だと僕は基本的には思いますので、それはそれとして、何か別のもので親しんでもらうことは必要かと思います。せっかく住民の方も、古墳とのつながりを基盤とした生活文化というものを築いていらっしゃいますので、その辺の貴重なソフトウエアを町として生かしていっていただきたいなと思います。

また、この前も地元のかたに案内をしていただいていますが、さらにそれが解説者、ガイドさんというものと次につながっていくといいと思います。この前も私は奈良の法隆寺に行って、ガイドさんの話を聞いていたのですが、ガイドさんの話がないと、何が何だか分からずに、ただ暗い中、お釈迦様を見てとか、仏像を見てというので過ぎていくのですが、ガイドさんがいれば、暗いところも照らしてもらったりして全く違うイメージが出てきますので、いろいろ解説していただくかたというのはやはり必要だなと思いましたね。

**片山**：そうですね。ボランティアでしていただく形になるのか、それは分かりませんが、やはりきちんと伝えていっていただけるかたは必要でしょうね。分かりました。

ほかにもいろいろな提案を頂いております。先ほどのお話とも少し重なり

写真 12　座談会の風景

ますが、「田舎の景色をできるだけ残しながら、だれでも分かりやすくなるように看板などを立ててください」というご意見。あと、「古墳があっても簡単に見られない状態なので、やはり遊歩道のようなものを設けてほしい」。今、お話にありましたが、「解説ボランティアを育てる準備をしたらどうですか」など、たくさん頂きました。

ちょっと時間が足りなくなってしまい、ご紹介ができないのが申し訳ないのですが、これは面白いですね。「古墳弁当を売り出してはどうですか」。「古墳の日を作ってお祭りにしてほしい」、これはもしかしたらお子さんの字かもしれませんね。ありがとうございます。このようなご意見を頂いています。

**片山**：さあ、栗山さん、最初にお話ししましたが、今、西山歴史街道計画が始まったばかりで、2年かけて構想をまとめて、その先に整備を進めていくということです。ですから、今日一日で結論うんぬんというお話ではないわけで、これからです。

最後になりますが、まとめとして、皆様から一言ずつ頂きたいと思います。広瀬先生からお願いします。

**広瀬**：短く？

**片山**：どちらでも。

**広瀬**：今ずっとお話を聞いていたのですが、結局、人間の目的というのは何もなくて、ただ生きるということですよね。そこに一つ何かくっつけて、豊かに生きたいとか、ゆとりを持って生きたいといったときにはじめてこういう問題が出てくるのですね。生きるのに精いっぱいのときは、絶対こういう話は出てこない。

今そういう時代ですから、結局、地域の皆さんがどういった環境で豊かに生活していきたいのかということで決まると思うのです。人間というのは大体、私もそうですが、すぐに退屈する動物ですから、変化がたくさんあったほうが、観念は豊かになるだろうと。そう考えたら、やはりこういう古墳とか、元取山ですか、あの山の上からの景色とか、あるいは菅笠のできるプロセスとか、あるいは木舟城跡、そういうものをいつでも見に行ける。あるいは、木舟城などというのは、少しずつ調査がやられて、その成果が何年かにわたって絶えず見られるとか、いつもこの福岡町は未知（過去）との遭遇があって退屈しないとか、あるいは凹凸のある町。そういうものを作るか作らないか。それを住民のかたや行政のかたが判断して、凹凸のある、つまり非日常的なものがたくさんある、彩どり豊かな環境を作るのだというふうにまず決めるか決めないかで、この話は大きく変わる。

それなしに、横穴があるからそれを適当に史跡公園にしようかとか言っていたらまた「閑古鳥」が鳴いてしまう。大体、日本の史跡公園というのは、吉野ヶ里や三内丸山のようにジャーナリズムが大きくとりあげたものの他は、おおむね閑古鳥が鳴いています。自分たちの準備不足を棚に上げながら、「古墳なんていうものはさほど人を呼べないな」という話になる。これは避けていただきたいというのが一つあります。

どういう町を作りたいのかというのは、その町に住んでいる人の意思ですから、先ほどの個性と一緒で、やはりきちんとした戦略や理念をいうものを策定して、それからそこにいたる方法をいろいろと検討する。そこからあとは私たちの出番になるかもしれませんが、そうしていただきたいですね。

私は今日、古墳について「故事来歴」という言葉を使いましたが、残されてきた「もの」に故事来歴を与えるのが研究なのです。ちなみに、観光地のどこへ行っても名物というものがあります。まんじゅうやカステラなど、大体決まっていますね。ただ、それでも買ってしまうのは、そのおみやげに地域の雰囲気や匂いがくっついていると感じるから買って帰る。あるいは「このまんじゅうは何とか」と本当かうそか分からないようなことを書いてある品書きのようなものがありますね。私などはああいう「もの」にくっついた故事来歴が面白いからけっこう買ったりするのです。

横穴墓も木舟城跡も、これは息の長い話になりますが、学術研究という形で、きちんとした調査体制できちんとした発掘調査をすることも大事だし、そういう形の故事来歴をくっつける長丁場のこともこれから要ります。また、一つの地域だけでこういうものは収まりませんので、加茂横穴墓や城ヶ平横穴墓を見ることをとおして日本の歴史を見るとか、東アジアの歴史を垣間見るとか、そういう空間的なつながりが用意されていくのも面白い。少し話が硬くなりますが、そういうふうにしていく。それを観光資源に使っても、今の古墳の状況ではかまいませんし。それは何でもかまいませんが、まず未来に向けて、どういった歴史遺産を活かしながらどのようなまちづくりをしていくのかという理念、戦略、そういうものをまずきちんと議論していただきたいなと思います。

そうした作業がないところは大体いけません。閑古鳥が鳴いています。それを私たちの研究者の責任にされる場合もありますが、それはお門違いという話です。責任逃れですが、そういう思いで今日のシンポジウムを活かしてもらえたらいいと思います。

**片山**：地元の皆さんが「どういう形に持っていきたいか」ということをきちんと認識して進めていただくことが大切だということですね。

続いて谷本さん、お願いします。

**谷本**：司会の片山さんも行かれたので、最後にご提案をぜひ聞かせていただきたいと思います。

そして、今の先生のお話からちょっと思い出したのですが、モノそのものから発する整備方法というのはいろいろあると思います。これは行政の手法というのがあるのですが、多分、町として豊かなイメージを作り出すというのは、そこから住民のかたが考えていらっしゃること、あるいは心のところでとても豊かにされることとか…。どう言いますか、お菓子のバウムクーヘンのように層が幾層にもなっているのが見えるのが、僕は多分すごくいい形だと思います。そういう意味で、題材としての古墳というのは、ある意味では、昨日も広瀬先生からいろいろ教わっていたのですが、心の問題とか、生と死、信仰という問題にもかかわってきますので、まさに見えないところでの重層的なものがいくつも福岡町にどうもあるようだということになれば、すごくいいのかなと思います。

それから、富山、石川を含めて、北陸は全国でも非常に消費水準が高いのです。僕はどこでも言っているのは、心を豊かにする消費をもっともっとしてほしいなということです。モノを買うということはいいのですが、心を豊かにする消費も考えていただきたいというところでいえば、そのきっかけとして、こういう文化財、古墳というのがあるというのは、心を豊かにする消費を喚起する上では、いい基盤になっているのかなと思います。

それから、ご意見の中にも祭りのような話がありました。あるポイントでイベントをしていくということをやはり評価したいと思います。こういうフォーラムもそうですが、メリハリという意味と、「ああそうだ、あったんだな」ということを再認識するという意味でも、何かイベントというものは大事なのかなと思いました。

**片山**：分かりました。ちなみに「お祭りをしてほしい」と書いていただいたかたなのですが、日にちまで決めていただいていて、5月2日、「こ・ふん」ということで、5月2日にお祭りをしてほしい、古墳音頭を考えてほしいと書いていただいています。なかなか豊かな感性をお持ちですね。

それでは、栗山さん、お願いします。

**栗山**：私は町の文化財行政を担当して、もう9年経ちました。今日、遺物展示会場の受付のところでたくさんの本が販売されていたのを皆さんごらんになられたかと思います。私の本業といえる発掘調査報告書はもとより、『福岡町の文化財』という本も置いています。そういう刊行物をこれまでに何冊も作っています。

それは、最初から考えていたわけではないのですが、自分が仕事を進めていくうえで、文化財について「こういうものがあります」「それはこういう歴史や性格をもったものです」というようなことを紹介する広報物というか、周知化するための素材がえらく不足しているなと気付いたからなんです。

今回のフォーラムもその一環といえますが、文化財を守って、それを活用するという次元まで高めるためには、まず皆さんにこんなものがあるのだということを知っていただく素材を提供して、文化財に対するある程度の共通認識を持つようにしなければいけないと考えています。そういう素材を素にして皆さんが「あっ、こんなものもあるんだ」という感じになって、「こんな面白いことができるんじゃないか」というようなことを地元の方からどんどん役場に伝えることができるようにしたいと思っています。

例えば、さきほど御覧頂いたVTRでいえば、史跡とかの現地へ行くといっても、何も予備知識がないところへは足を運びにくいと思います。だから、そういう魅力を紹介する素材として、目に見える形のもので映像を作ったりして、あそこにこういうものがあるということを見せていきたいのです。

こういうことが重なっていくと、今、目にすることができるものにもっと奥深い魅力を付け足すことができないかと考えるわけです。過去からの時間の積み重ねを含めての3次元的な魅力が文化財にはあるんだということを感じ取っていただいて、どんどん使っていただければと思うのです。

学校で勉強することももちろん大切ですが、古墳へ行く途中に、花とかありましたが、そういう草花の勉強も現地で学んだり、あと山菜も豊富です。春になると皆さんよく山菜を採りに行かれますが、そういうものも使って西山丘陵をPRしていきたいなと思います。きっかけは皆さんそれぞれの関心が赴くままでよくて、そういう素材を掘り起こすというか紹介した上で現地に足を運んでいただいて、ふと見たら文化財を紹介する看板があって、「あっ、こういうところに遺跡があるんだ」と。そういう遊びから入って、文化財に触れてもらってもいいと思っています。

片山：そうですね。イメージ的にやはり古墳、遺跡に興味をお持ちのかたというのは年齢層が高い方が多いと思うのですが、できれば今日ワークショップで楽しんでいた子供たちに、地元にこういうものがあることを知ってもらいたいですね。

VTRにあった氷見市の柳田布尾山古墳ですが、地元の子供たちが、先ほどの谷本さんのお話にも少しあったのですが、古墳で遊んでいいのかどうか聞いてくるそうです。そこで、大切なものなんだと認識したうえで、遊べる範囲のものはやっていいのではないかという結論に達したそうなんです。だって、子供達にとっては、あれは丘ですよね。ですから、遊んで興味を持つ。その子たちがそのまま興味を持った状態で大きくなっていただければ、古墳はこれまでずっと残されてきたものですから、これから先もつながっていくのではないかと、私は古墳に行ってそのことを強く感じました。

お時間のほうもちょっとオーバーしてしまいました。皆さん、本当に長い時間おつきあいを頂きましてありがとうございました。先生がたもどうもありがとうございました。たくさんのご意見を頂きました。皆さんどうぞお立ちください。恐れ入ります。皆さん、拍手でお送りいただけますでしょうか。

（拍手）

片山：どうもありがとうございました。

会場の皆様もたくさんのご提案をありがとうございました。長い時間おつきあいいただきまして、ありがとうございます。フォーラムのほうはこれで終了なのですが、遺物展示はこのあと18時まで行っております。また、展示は20日まで行っておりますので、どうぞおうちに帰られましたら、ご家族、ご近所のかたに、座談会の様子とか、遺物展示のお話をしていただきたいと思います。長い時間にわたりおつきあいいただきまして、どうもありが

とうございました。どうぞお忘れ物のないよう、お気をつけてお帰りくださいませ。(拍手)

# 第 III 部

# 古世紀再訪

城ヶ平横穴墓調査写真（明治 41 年 3 月 21 日）

# 考古資料にみる西山古墳街道

栗山　雅夫

遺物展示会「古世紀再訪」では、西山丘陵とその近在の地域の古墳・横穴墓の資料展示を行なった。展示品の内容については、101頁の第1表展示品目録及び、個別遺跡紹介の出土遺物写真を御覧いただきたい。なお、西山丘陵とは直接結びつくわけではないが、当地域の特徴的な遺跡の一つである「横穴墓」の築造年代と時期的な重なりを持ち、終末期古墳の代表格の一つといえるキトラ古墳の石室内壁画写真パネルを奈良文化財研究所より借用して展示した。企画意図は、古墳時代の始まりから終わりを西山丘陵近在の古墳・横穴墓の出土品や測量図から概観してもらい、当地域の特色を感じてもらうことである。そのために、キトラ古墳の実寸写真パネルを準備したほか、福岡町域で最も遺存状況がよい加茂横穴墓群22号墓の実物大模型を製作し会場内に設置し出入りを自由にした。

さて、富山県の考古学史を紐解くと、明治30年代までは数例の事例報告がある程度で大きな動きはみられない。しかし、同41年3月18日午後3時、地元の石灰組合の人夫によって旧赤丸村，旧西五位村の舞谷・馬場地区にまたがる城ヶ平横穴墓群が発見され、遺物が掘り出されたことで一躍脚光を浴びることとなる。当時は、横穴の構

**写真1　加茂横穴墓実寸模型**

築目的について住居なのか墓なのかと決着がついておらず、いわゆる「穴居論争」が盛んに交わされていた頃で、著名な学者の来跡も相次いでいる。

地元住民が書き残した『人骨古器発掘記録』（吉井家所蔵）によれば、発掘開始翌日の19日には、新聞記者が取材に訪れ20日には「前代未聞の一大珍事として特筆大書」されたことから「近郷近在は勿論遠く数里の所より観覧者引きも切れ」ない状況となり、城ヶ平山はもとより出土品を展示した民家には「人の黒山を築き、其の混雑実に名状すべからず」という様相を呈した。そうした混雑の中、21日には越中誌編纂評議員であった窪美昌保や井上紅花を含む富山県警務長一行が実地踏査のために訪れ、登山記念写真を撮っている。（第III部扉写真参照）この発掘記事は、全国紙にも掲載され、4月7日には柴田常恵が越中誌編纂委員数名と高岡工芸高校の職員全校生徒を伴い、調査を行なっているほか、6月2日には長谷部言人が現地を訪れ、新たな横穴墓を1基発掘し1体分の人骨を持ち帰っている。さらに7月31日には、坪井正五郎が代議士等300名もの一行と実地踏査を行ない、8月26日には高橋健自が調査に訪れている。

このように、当時第一線で活躍していた学者が相次いで訪れたことは、富山県の考古学史上、重要な足跡である。また、警務長一行として現地を訪れていた高岡新報の主筆、井上紅花は城ヶ平横穴の発掘以後、郷土史に対する深い関心を示すようになり、後の遺跡報道に、大きな影響を及ぼしている。

写真2　明治41年の出土品馬場城ヶ平・加茂横穴墓（→頭椎柄頭）

また、大正7年、日本で初めて発掘調査された洞窟遺跡として、また分層発掘によって縄文土器と弥生土器の層位的な区分が明確になった調査成果で著名な氷見市「大境洞窟」や、大正10年、同13年の発掘調査によって、日本で初めて住居跡の炉跡が検出された氷見市「朝日貝塚」の発掘調査に、学者としては城ヶ平に真っ先に駆け付けた東京帝国大学の柴田常恵が調査担当として関わっている。日本考古学史にとっても重要な端緒のひとつがこの地にあったともいえる。

さて、古墳時代における西山丘陵の位置を述べておきたい。富山県県史考古編（富山県 1972）によれば、総数412基の古墳・横穴墓の地区別集計として①二上山・氷見ブロック（45.9%）、②小矢部ブロック（29.4%）、③音川ブロック（17.0%）、④立山ブロック（5.3%）、⑤黒部ブロック（2.4%）が記されている。ブロック中、西山丘陵とその近在の古墳・横穴墓として今回の展示対象としたのは①②であり、実に75.3%もの集中を示している。また、これまで精力的な分布調査を実施された西井龍儀氏の成果によれば、県内の古墳総数約1,011基のうち、県西部で868基（86%）、西山丘陵周辺の小矢部川左岸地域で約300基（30%）を数える。また、横穴墓についていえば、氷見平野をとりまく地域と小矢部—福岡—高岡の小矢部川左岸地域、呉羽山丘陵地域の3ブロックに集約される。そして、県内総数約300基のうち、9割が県西部に集まり、約3割は福岡町域に所在している。まさに、古墳・横穴墓の集積地と位置付けされる地域といえる。

ところで、近年の古墳時代研究の動向をみると、特に出現期古墳に関して畿内を中心に大きな成果が挙がっている。ちなみに県内においても、富山考古学会が創立50周年記念事業として平成11年に『富山平野の出現期古墳』（富山考古学会 1999）と題するシンポジウムを開催している。背景として、県内最大の古墳にして日本海に面した地域では最大規模を誇る前方後方墳（全国9番目）である柳田布尾山古墳（氷見市）が平成10年に発見されたことも大きな影響を与えている。この古墳は、平成13年に国指定史跡となるが、さらにまた平成16年には、旧婦中町（現富山市）にある国指定史跡「王塚古墳」の追加指定として「王塚・千坊山遺跡群」が指定を受けている。この遺跡群では、山陰地方と関係する四隅突出型墳丘墓も確認されており、弥生時代末～古墳時代前期における北陸地域の様相を明らかにするうえで重要な遺跡となっている。

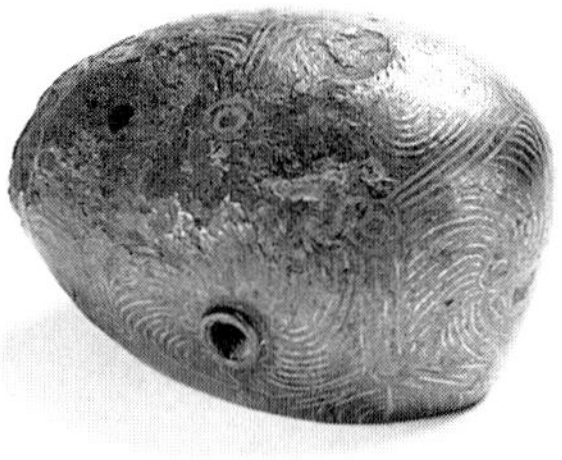

写真3　銀象嵌頭椎柄頭（馬場城ヶ平出土）

一方、富山県の考古学の嚆矢となった横穴墓を含む終末期の古墳等については、高岡や氷見において横穴墓の発掘調査が実施されており基礎資料の蓄積がみられるものの、急傾斜地崩壊対策に伴う調査のため記録を取った後は破壊されてしまう事例が多い。出現期古墳研究の華やかさとは一線を画している感がある。ただ、全国的な動向をみれば、平成13年以降のキトラ古墳に関する調査や高松塚古墳の壁画問題等、当該時期の古墳にも注目が集まっており、同時代として捉えて対比する視点が今後注目されていくものと思われる。

こうした中で、城ヶ平横穴墓群及び加茂横穴墓群については、明治時代の発掘ということもあって正式な調査報告は作成されておらず、散逸した出土品も少なくない。ただ、東京国立博物館に所蔵されている鉄製の銀象嵌頭椎柄頭は、古写真から馬場城ヶ平横穴墓から出土したことは間違いなく、県内における頭椎柄頭の出土例が呉羽山古墳（富山市）と城ヶ平しかみられないという点は、重要である。さらに、従来の横穴墓の被葬者観に照らし合せると、副葬品としては頭椎柄頭を納めた点は異色であり今後の検討課題といえる。こうした課題も踏まえて、古墳時代終末期に焦点を絞った3回目の歴史文化フォーラム「ふくおかの飛鳥時代を考える—富山・能登の横穴墓からのアプローチ—」を2005年10月9日に福岡町教育委員会と富山考古学会で開催している。

**表１　展示品目録**（栗山 2004）

## ――――― 古世紀再訪展示品目録 ―――――

| 市町村 | 出土遺跡名 | 展　示　品 | 古墳時代 | 所　蔵 |
|---|---|---|---|---|
| 小矢部市 | 谷内古墳群（21号墳） | 鉄刀（1）鉄剣（2）鉄鏃（20）三角板革綴短甲（1）同複製品（1）頸甲・肩甲（1）頸甲・肩甲複製品（1） | 前～中期（中期） | 小矢部市教育委員会 |
| | 関野古墳群（1号墳） | 土師器【丸底壺（2）】 | 前～後期（前期） | |
| | （2号墳） | 鉄剣（2） | （中期） | |
| | 若宮古墳 | 須恵器【器台脚部（1）】円筒埴輪（1）朝顔形埴輪（1）三輪玉（6） | 後期 | |
| | 桜町横穴墓群 | 須恵器【台付長頸壺（1）】　鉄刀（1）鞘金具（2）責金具（3）金環（1） | 終末期 | |
| 福岡町 | 城ヶ平横穴墓群（舞谷） | 須恵器【長頸瓶（1）横瓶（1）坩（1）盌（1）】硬玉勾玉（2）ガラス小玉(16) 金環（2）銀環（1）銅環（1） | 終末期 | 東京国立博物館 |
| | 同（馬場） | 須恵器【提瓶（1）脚付坩（1）杯（1）】金環（2）銀環（1）責金具（3）足金具（1）碧玉勾玉（1）蛇紋岩勾玉（1）金銅丸玉（1）鵄目（1） | | |
| | 同 | 鉄刀（1） | | 福岡町教育委員会 |
| | | 須恵器【杯蓋（6）杯身（3）長頸壺（1）高杯（1）𤭯（1）】　鉄刀（2） | | 福岡町歴史民俗資料館寄託品 |
| | 加茂横穴墓群 | 須恵器【脚付盌（1）】銀環（2）銅環（2） | 終末期 | 東京国立博物館 |
| | | 須恵器【甕（1）】　22号墓復原模型（1） | | 福岡町教育委員会 |
| 高岡市 | 国分山古墳群 | 盤龍鏡（1）同複製品（1）内行花文鏡（1）同複製品（1） | 前～後期 | 高岡市立博物館 |
| | 桜谷古墳群 | 土器破片（1）金銅製飾金具（1）同複製品（1）金環（3）石釧（5）紡錘車（1）管玉（6）青琅玕管玉（1）ガラス小玉（17）鉄鏃（8） | 前～後期 | |
| | 城光寺古墳群 | 須恵器【𤭯（2）甕（1）】 | 中期 | 個人蔵 |
| | 頭川城ヶ平横穴墓群 | 須恵器【杯蓋（3）杯身（3）平瓶（3）】刀子（3）鞘金具（1）責金具（2） | 終末期 | 富山県埋蔵文化財センター |
| | 江道横穴墓群（２２号墓） | 須恵器【杯蓋（7）杯身（7）長頸壺（1）】鉄刀（1）足金具（2）鏃（4）馬具鞍金具（1）耳輪（1）骨鏃（1） | 終末期 | 高岡市教育委員会 |
| | （２９号墓） | 羨門復原模型【馬線刻画（1）】 | | |
| | 院内東横穴墓 | 須恵器【高杯（2）】鉄刀(1) 刀子(2) ガラス小玉(112) | 終末期 | |
| 氷見市 | 柳田布尾山古墳 | 墳丘模型（1） | 前期 | 氷見市立博物館 |
| | イヨダノヤマ古墳群（3号墳） | 須恵器【杯蓋（4）杯身（4）𤭯（1）】鉄鑿（1）鉄刀（1）鉄鏃（3）横矧板鋲留短甲（1） | 中期 | |
| | 朝日長山古墳 | 土師器【壺（1）盌（1）杯（1）】須恵器【蓋付壺（1）器台（1）高杯（1）杯蓋（1）杯身（1）脚付壺（1）𤭯（1）】円筒埴輪破片（3）鉄地金銅張剣菱形杏葉（1）金銅張胡禄金具（1） | 後期 | |
| | 加納横穴墓群 | 須恵器【杯蓋（1）杯身（2）高杯（1）台付長頸壺（1）𤭯（1）横瓶（1）提瓶（1）】 | 終末期 | |
| | 薮田薬師横穴墓 | 土師器【杯（2）】須恵器【杯（2）】　鉄刀（1） | 終末期 | |
| 明日香村 | キトラ古墳 | 石室内壁画写真パネル（7） | 終末期 | 奈良文化財研究所 |

**※古墳前期は3世紀後半～4世紀後半、古墳中期は4世紀末～5世紀末、古墳後期は5世紀末～6世紀末、古墳終末期は7世紀～8世紀初にあたる。**

## 1. 谷《や》内《ち》古墳群

所在地　　　富山県小矢部市埴生

時　代　　　古墳時代前期（16号墳）、中期（21号墳）

〔遺跡の概要〕

谷内古墳群は、標高100～180 mの丘陵尾根部に立地する21基からなる古墳群である。そのうち全長47.5 mを測る前方後円墳の16号墳は、昭和62年に発掘調査が実施されている。調査では後円部中央で割竹形木棺跡が検出され、鉄剣1、鉋1、鉄鍬先1と埋葬施設上から土師器（古府クルビ式新段階）が出土し、古墳時代前期初頭に築かれた古墳であるとされている。

直径約30 mを測る21号墳は、5世紀前半（中期）に築造されたもので平成3年に発掘調査が行われている。埋葬施設2基のうち墳丘中央部のものが発掘され、長さ9.9 m、幅0.8 mの木棺が確認されている。黒漆塗革盾・黒漆塗三角板革綴短甲・長方板革綴短甲・頸甲・肩甲・黒漆革草摺・直刀・鉄剣・鉄鏃など武具が棺から出土しており、特に短甲は県内初の出土事例として注目される。

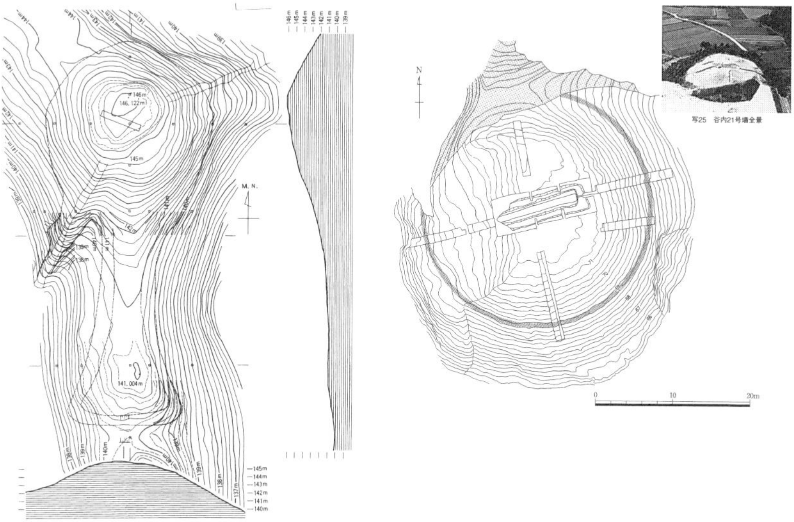


**図1　谷内16号墳と21号墳測量図**（西井ほか 2002）

写真4　谷内21号墳出土遺物

## 2. 関野《せきの》古墳群

所在地　　　　富山県小矢部市石坂

時　代　　　　古墳時代前期（1号墳）、中期（2号墳）

〔遺跡の概要〕

関野古墳群は、大型の前方後円墳である1号墳と大型の円墳2号墳と小型の円墳3～7号墳の7基で構成されている。

関野1号墳は、後円部の3/4が昭和12年に行なわれた関野神社の社殿改築で削平されて推定値となるが、全長65 m強、後円部直径34 m強、くびれ部幅約17 m、前方部幅約30.5 mの墳丘が想定されている。工事中、鉄刀や銅鏃（20点余）、朱の付着した砂利が確認された他、昭和61年の発掘調査では、4世紀代高畠式に比定される土師器の壺・高杯・器台等が出土している。

関野2号墳は、1号墳の東約300 m余りに位置し、直径約30 mを測る円墳である。昭和56年の発掘調査では、長さ約3.9 m、幅0.8 mの埋葬施設が確認され、木棺内から鉄刀1、鉄剣2、鉄短剣2、滑石製小玉221点が出土している。

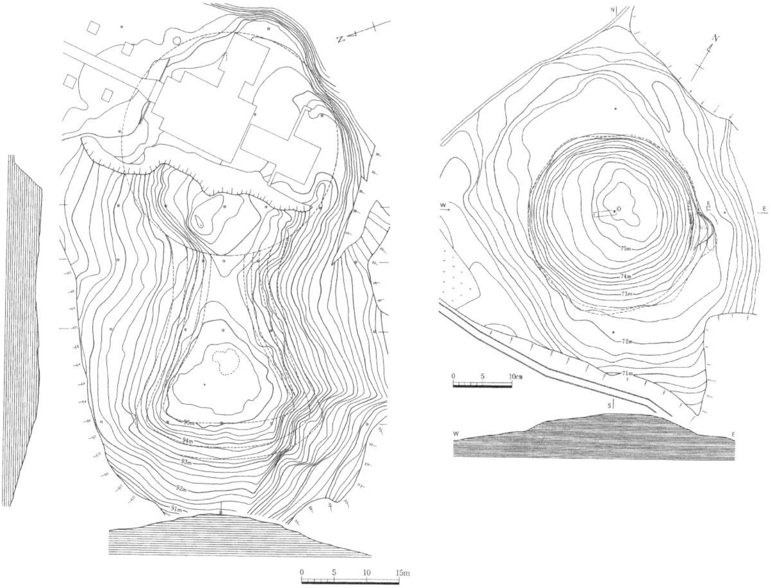


**図2　関野古墳群**（1号墳・2号墳）**測量図**（西井ほか2002）

写真5　関野古墳群（1号墳・2号墳）出土遺物

## 3. 若宮《わかみや》古墳

所在地　　　　富山県小矢部市埴生

時　代　　　　古墳時代後期

〔遺跡の概要〕

若宮古墳は、6世紀初めに造られた前方後円墳で、小矢部市埴生上野台地先端部の標高53mのところに築かれている。数度にわたる発掘調査の結果、現在の墳丘東側は大きく削られており、古墳本来の全長は約50m、後円部直径約28m、くびれ部幅約11m、前方部幅約19mであることが明らかとなっている。また、県内では出土例が極めて限られている円筒埴輪の破片が出土している。平成10・11年に実施された古墳公園整備に伴う調査では、埋葬施設が検出され、副葬品の一部である鉄刀・鉄矛・銅製三輪玉（日本海側最北の出土事例）が出土している。大量の木炭を使用した埋葬施設の規模は、長軸（南北）6m、短軸（東西）2.4mを測り、墳丘のほとんどが盛土によって構築されていることが判明した。ただし、史跡整備目的の調査であったことから埋葬施設確認後は埋め戻している。

この古墳は、関野1号墳以降途絶えていた砺波地方の前方後円墳が、古墳時代後期になって復活したもので、地域勢力の再編の動きを反映したものであると評価されている。

昭和60年に小矢部市指定史跡、平成5年に富山県指定史跡となった若宮古墳は、これまでの調査成果をもとに、現在は、「若宮古墳公園」として整備されている。

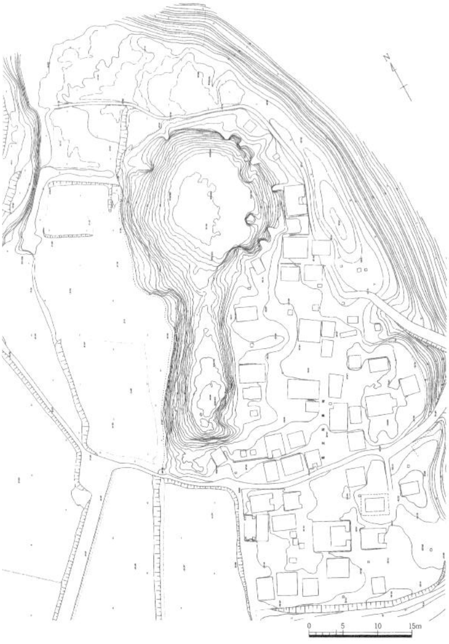


**図3　若宮古墳測量図**（西井ほか2002）

写真６　若宮古墳出土遺物

## 4. 桜町《さくらまち》横穴墓群

所在地　　　富山県小矢部市桜町

時　代　　　古墳時代終末期

〔遺跡の概要〕

桜町横穴墓群は、子撫川が谷内から平野の小矢部川へと流れ出る右岸の二上断層崖上に構築されている。横穴墓は、標高 55 m～68 m 地点に立地しており、三段にわたって合計 11 基の横穴が北東に向かって開口している。

横穴の形状は、玄室平面が縦に長い長方形を基本としている。11 基の横穴墓のうち 1～4 号墓は、昭和 38 年に小矢部市史編集室が発掘調査を実施している。

このうち、第 1 号墓は、最も保存状態がよく、前庭部（幅 136 cm×奥行き 108 cm）、長円形の羨門（最大幅 82 cm×高さ 107 cm）と羨門封鎖用とされる石塊が 2 個確認されている。長さ 62 cm の羨道を抜けると、ドーム型の玄室（高さ 106 cm×奥行き 180 cm）があって、深さ・幅ともに 6 cm の周溝が前庭部まで設けてある排水溝に接続されていることが明らかとなった。構造自体は、ほかの 3 基とも同じであるが、4 号墓のみ破損が著しく明確ではない。1 号墓の出土遺物は須恵器、土師器、人骨 1 体分が確認されている。

第 2 号墓も羨道と前庭部を備えており、羨門には切石（閉塞石）も確認されている。アーチ型の玄室（奥行き約 2.3 m、幅 1.9 m）は、1 号墓と同様に排水溝を有している。玄室内には、6 体分の人骨が埋葬されており、鉄刀、円頭大刀足金具、尖頭状の骨角器、須恵器台付長頸瓶などが出土している。なお、1 号墓と 2 号墓の人骨は、頭を左にして、玄室主軸と直角になるよう仰臥伸展の配置をとっていたことが明らかとなっている。この他、第 3 号墓からは金環と人骨片が出土し、4 号墓からは須恵器と人骨片が出土している。

出土遺物をもとに横穴墓の時期を検討すると、7 世紀中頃に埋葬を開始し、7 世紀末まで追葬を行なっていたものと考えられる。

写真7　桜町横穴墓群出土遺物

## 5. 城《じょう》ヶ《が》平《ひら》横穴墓群

所在地　　　　富山県西砺波郡福岡町馬場・舞谷

時　代　　　　古墳時代終末期

〔遺跡の概要〕

富山県指定史跡「城ヶ平横穴古墳」は、標高 173.6 m を測る城ヶ平山の東側山腹、標高 150～160 m 付近に所在している。舞谷側で 43 基、馬場側で 9 基、合計 52 基の横穴墓が確認されており、その総数は氷見市の加納横穴墓群の 88 基に次いで県内第 2 位の数を誇る。

明治 41 年（1908）3 月 18 日に地元住民によって開始された発掘では、多くの副葬品が掘り出され当時の一大ニュースとして多くの見物人が現地を訪れ、学史上名高い著名な学者も大勢訪れている。

出土品には須恵器のほとんどの器種、武具では鉄刀・刀装具・刀子・鉄鏃・轡、装身具では勾玉・切小玉・小玉・金環・銀環・銅環・貝環等が出土している。特に、馬場側で掘り出された鉄製の銀象嵌頭椎柄頭は、県内唯一の現存品として東京国立博物館に収蔵されており重要な遺物である。これらの遺物の年代は、7 世紀代を中心に 6 世紀末～8 世紀初めのもので占められており、頭椎柄頭については、6 世紀末遅くても 7 世紀前半に位置づけされる。

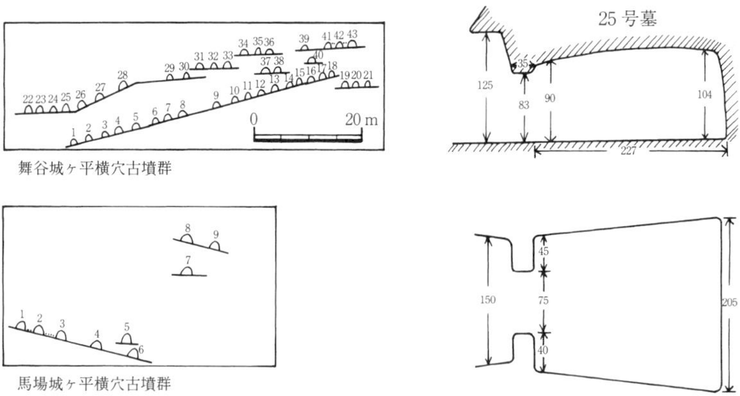


**図 4　城ヶ平横穴墓群見取図**（福岡町史編纂委員会 1969 を再トレース）

写真8　城ヶ平横穴墓群出土遺物（東京国立博物館所蔵）

## 6. 加茂《かも》横穴墓群

所在地　　　富山県西砺波郡福岡町加茂

時　代　　　古墳時代終末期

〔遺跡の概要〕

福岡町指定史跡の加茂横穴墓群は、加茂集落の背後に迫る通称「背戸山」の南東側山腹の標高 46 m～77 m の場所に位置している。計 26 基の横穴墓が確認されているが、凝灰岩質砂岩に構築されているため、開口後の風化が著しいものがあり、玄室天井等が崩落しているものも少なくない。

この横穴墓群は、舞谷・馬場の城ヶ平横穴墓と同じ明治 41 年 3 月に発掘されており、当時、出土品を撮影した写真には、「明治 41 年 3 月 22 日富山県西五位村大字加茂村に於いて発掘の分」として記録が残されている。遺物は、6 世紀後半～7 世紀に位置付けされる須恵器の各器種のほか刀剣・銀環・銅環・玉類といったものがみられ、その一部は現在も東京国立博物館に所蔵されている。

同時期に発掘された城ヶ平横穴墓に比べ、近年まで文化財に指定されていなかったことで現地訪問者を遠ざけていたが、このことが遺構の保存面では逆に幸いし、現在も極めて遺存状態の良いものが 6 基程度残されている。従って、横穴墓築造時の玄室・玄門・羨道・羨門・前庭部の各部の状況を観察する上では、重要な遺跡である。

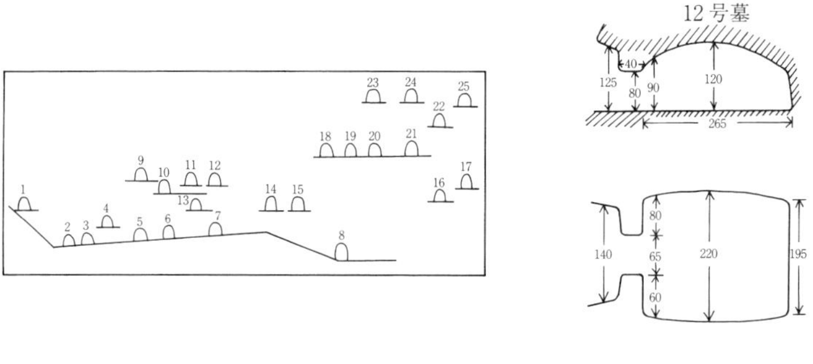


図 5　加茂横穴墓群見取図（福岡町史編纂委員会 1969 を再トレース）

写真9　加茂横穴墓群出土遺物（東京国立博物館所蔵）

## 7. 国分山《こくぶやま》古墳群

所在地　　　　富山県高岡市伏木国分

時　代　　　　古墳時代前期～後期

〔遺跡の概要〕

国分山古墳群は、二上丘陵が富山湾に落ち込む断崖上の岩崎鼻台地に立地している。古墳群は前方後方墳2基、方墳2基、円墳8基で構成され、それらは標高30～45 mの場所に分布している。古墳の大きさをみると主墳と倍塚（副墳）によって配置されており、この古墳群の特色とされている。

昭和26年、岩崎鼻灯台の建設に伴い、古墳群中最大規模（直径約30 m）を持つA墳と呼ばれる円墳が緊急調査されているが、4基の古墳は台地開発の中で、未調査のまま破壊を受け消滅している。A墳の発掘調査の結果、2ヶ所の方形の主体部が確認された。主体部には縦1.9 m、横0.9 m厚さ5 mmにわたってベンガラが敷きつめられていた。一部、木片も残存していたことから、木棺の存在が推定されている。

出土遺物には、土師器壺、鉄刀、鉄鏃に加えて内行花文鏡と盤龍鏡の完形品が出土している。県内における古墳出土の鏡は破片出土例を加えても10例にも満たないことから本出土事例は特筆すべき事柄である。当時の交易圏や政治的背景を考える上でこの鏡は重要な資料と位置付けでき、現在、鏡は高岡市指定文化財として市立博物館で保存されている。

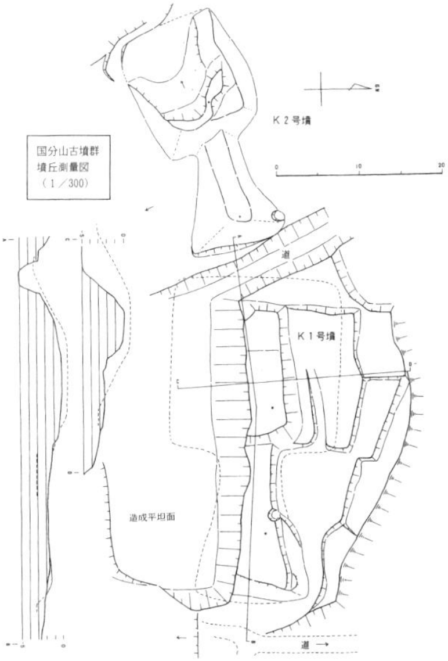


**図6　国分山古墳測量図**（西井ほか 1999）

写真10　国分山古墳出土遺物

## 8. 桜谷《さくらだに》古墳群

所在地　　　富山県高岡市太田

時　代　　　古墳時代前期～後期

〔遺跡の概要〕

桜谷古墳群は、二上丘陵北側の標高20ｍ前後の台地上に立地し、東西約300ｍ、南北約150ｍの範囲に計13基以上の古墳で構成されている。国指定史跡でもある桜谷1号墳・桜谷2号墳は、史跡公園として保存されておりこの古墳群の中心的存在である。

このうち、桜谷1号墳は全長62ｍを測り、最近の測量成果では前方後方墳の可能性が指摘されている。このため、築造時期もそれまでより古くみられ、古墳時代前期初頭に位置付けされている。一方、桜谷2号墳は、1号墳よりやや時期が下る4世紀中頃に位置付けされている。墳形は帆立貝式の前方後円墳とされ全長50ｍを測る。2号墳の後円部からは、碧玉製石釧や紡錘車形石製品、碧玉製管玉が出土したほか、古墳裾部から鏡の破片も出土している。また、7号墳から出土した金銅製方形板は、これまで中期後半の船載帯金具とされてきたが、後期前半の倭国産の帽冠飾とする研究成果がある。

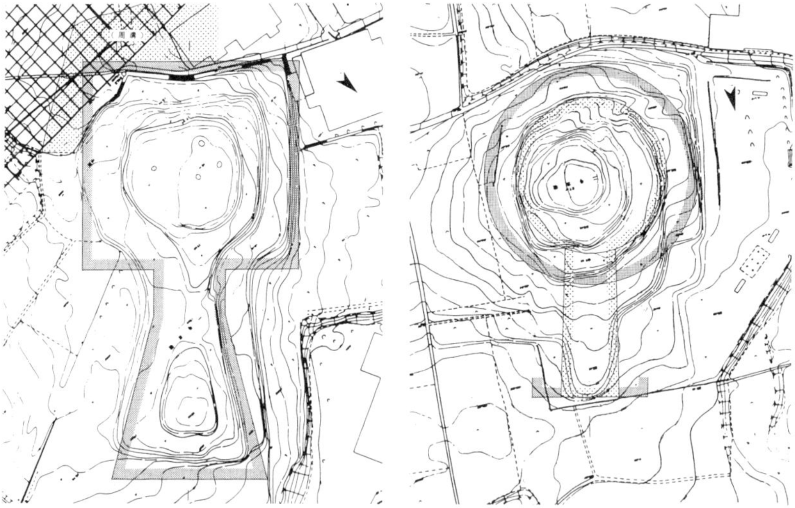

**図7　桜谷古墳群1号墳・2号墳実測図**（西井ほか1999）

写真 11　桜谷古墳群出土遺物写真

## 9. 城光寺《じょうこうじ》古墳群

所在地　　　　富山県高岡市城光寺

時　代　　　　古墳時代中期

〔遺跡の概要〕

城光寺古墳群は、二上丘陵のほぼ中央に位置する二上霊園北側に接する標高 90 m～115 m の尾根部分と霊園西端に突出した標高 30 m 前後の丘陵先端に分布する古墳群の総称である。この古墳群は 3 つの支群に分けることが可能で、それぞれ A・B・C 支群と呼ばれている。

このうち A 支群は最高所に位置し、直径 36 m・高さ 4.5 m 円墳をはじめとする 4 基の円墳で構成されている。B 支群は 4 基の円墳で構成されている。昭和 56 年、57 年には、二上霊園の造成に際して、発掘調査が行なわれており、調査の結果、𤭯・甕・杯身・杯蓋などが出土している。これらの出土遺物の年代や古墳の立地状況を検討すると、古墳時代中期にあたる 5 世紀後半には本古墳群が成立したものと考えられている。

C 支群は円墳 1 基と方墳 2 基で構成されている。しかしながら、前述の 2 群とは立地状況が異なるため、別系統の古墳群の可能性も想定されている。

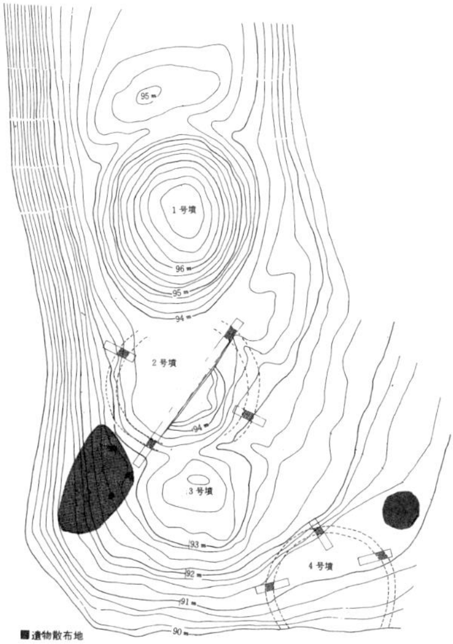


図 8　城光寺 **B** 古墳群測量図（逸見 1983）

写真 12　城光寺古墳群出土遺物

## 10. 頭《ず》川《かわ》城《じよう》ヶ《が》平《ひら》横穴墓群

所在地　　　　富山県高岡市頭川

時　代　　　　古墳時代終末期

〔遺跡の概要〕

頭川城ヶ平横穴墓群は、高岡市北西部に連なる西山丘陵に位置している。現地は、頭川地区と岩坪地区の字境にあたり、小矢部川の支流である頭川川による開析谷入口近くにあり標高 20 m～60 m の急斜面に構築されている。

遺跡は、昭和 57 年の土砂採取工事中に発見され、2 ヶ年の緊急発掘調査が行なわれている。その後、平成 10 年～12 年度にも発掘調査が実施され、合計 23 基の横穴墓の存在が確認されている。調査の結果、埋葬人骨をはじめ、7 世紀前半～8 世紀初頭に位置付けできる遺物が多く出土しており、横穴墓は、6 世紀末～7 世紀中葉に構築され、7 世紀後葉まで追葬を行なっていたと想定されている。

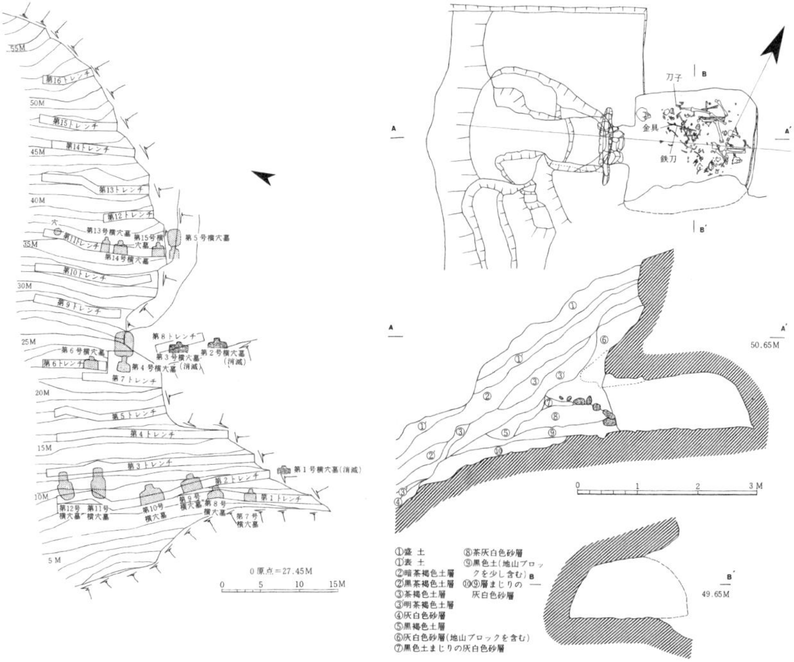


図 9　配置図と遺構測量図（酒井 1983）

写真13　頭川城ヶ平横穴墓群出土遺物

## 11. 江道《えんどう》横穴墓群

所在地　　　　富山県高岡市江道

時　代　　　　古墳時代終末期

〔遺跡の概要〕

江道横穴墓群は、西山丘陵内から小矢部川に流入する広谷川による開析谷の左岸丘陵崖面に立地している。

本遺跡は、近世の随筆『越の下草』（宮永正運）に「人穴」と記述されており、古くからその存在は認識されていた。昭和30年と31年には、現地踏査と発掘調査が行なわれ11基の横穴墓が確認されている。この調査では、一つの墓から13個体の人骨が出土したほか、類例が少ない骨角器も出土したことから、昭和36年に4基が高岡市指定史跡となっている。

平成8年、急傾斜地崩壊対策工事に伴う発掘調査が実施され、新たに9基の横穴墓が確認され、合計20基となった。出土遺物は、7世紀のものが中心を占め、使用時期は7世紀初頭から8世紀初頭と考えられている。29号墓では羨門に馬の線刻画を施していることが確認され注目される。

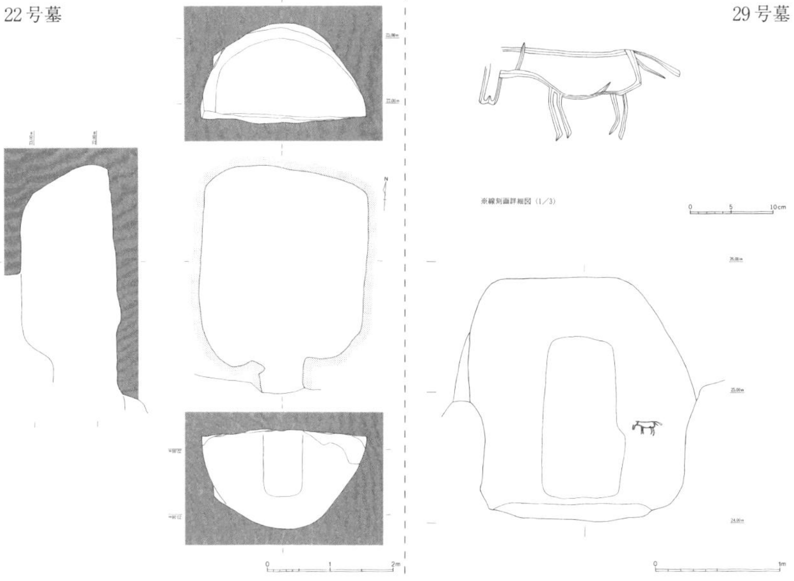


図10　江道横穴墓群22号墓測量図と29号墓線刻図（山口1998b）

写真 14　江道横穴墓群 22 号墓出土遺物

## 12. 院内東《いんないひがし》横穴墓

所在地　　　　富山県高岡市二上院内

時　代　　　　古墳時代終末期

〔遺跡の概要〕

院内東横穴墓は、二上山南麓の谷のひとつである院内の谷内、標高 20 m 付近で北西に向いて立地している。この横穴墓は、平成 7 年の急傾斜地擁壁防止工事中に発見されたもので、同年に発掘調査が行なわれている。

検出された横穴墓は 1 基であるが、須恵器高杯 2 点・直刀 1 点・刀子 2 点・金環 1 点・ガラス小玉が 112 点出土している。ガラス玉は大型の俵形と小型の臼形の 2 タイプ出土しており、紺・青・緑の 3 色に分類することができる。時期を特定しうる遺物は須恵器の高杯 2 点であり、構築年代を確定させるのは難しいが、6 世紀後半～7 世紀初頭、特に 6 世紀末がその中心年代であると想定できる。高岡市域の横穴墓分布状況をみると、江道横穴墓群→頭川城ヶ平横穴墓群→二上横穴墓群→院内東横穴墓が南西～北東にかけて立地しており、福岡町域から続く、横穴墓集中地域といえる。

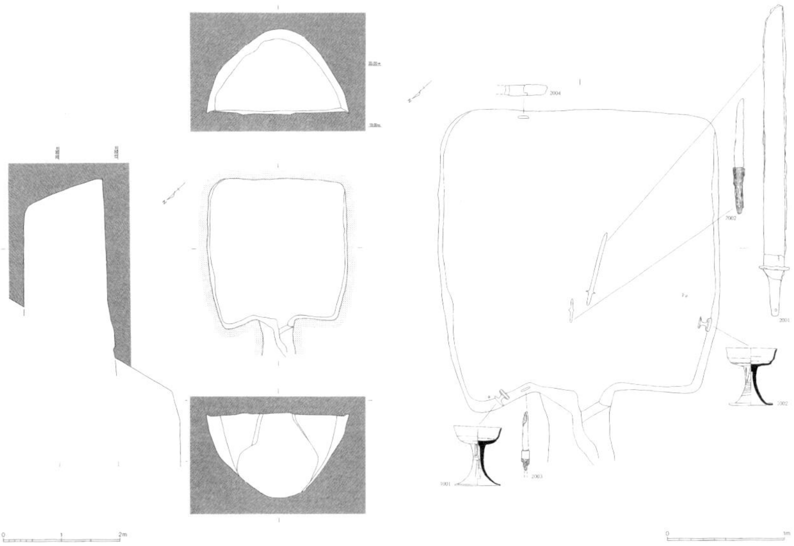

図 11　院内東横穴墓測量図と遺物出土位置図（山口 1998a）

写真 15　院内東横穴墓出土遺物

## 13. 柳《やない》田《だ》布《ぬの》尾《お》山《やま》古墳

所在地　　　　富山県氷見市柳田

時　代　　　　古墳時代前期

〔遺跡の概要〕

柳田布尾山古墳は、氷見市南部の二上山丘陵から北に向かって派生する丘陵上、標高約25ｍの場所に立地する前方後方墳である。県内の古墳として最も大きい全長107.5ｍを測り、前方後方墳としても全国で9番目、日本海側では最大の規模をもつ。

（全長：107.5ｍ、後方部長：54ｍ、後方部幅：53ｍ、後方部高さ：10ｍ、くびれ部幅：30ｍ、前方部長：53.5ｍ、前方部幅：49ｍ、前方部高さ：6ｍ）

墳丘の主軸線は二上山丘陵を指しており、側面は富山湾に向いて築かれている。この古墳は、平成10年6月に富山考古学会の西井龍儀氏により発見されたもので、その直後から測量や発掘、探査などの各種調査が平成12年にかけて実施されている。その結果、主体部は盗掘によって大半が失われているものの、後方部に主軸と平行する粘土槨が存在していた痕跡が確認されている。築造は、地山を削り出した上に盛土を行なっており、埋葬施設も同時に行なった構築墓壙であると考えられている。発掘調査による出土遺物は、破片資料であるが、古墳盛土内、周濠内、旧表土内から多く出土している。時期は、弥生時代後期（法仏式）～終末期（月影式）のものが大半を占め、古墳時代前期の古府クルビ式のものも含まれている。こうした出土遺物や周辺の古墳との比較検討により、築造時期としては古墳時代前期前半（3世紀末～4世紀初）と考えられている。

被葬者像としては、その規模から富山湾を基盤とした広域首長連合の長とされ、墳丘形態から在地性を保ちつつ初期大和政権と深いつながりを有していたものと指摘できる。

発見以降、各種の調査の進行と歩調を合わせてフォーラム等が積極的に開催されたこともあり、平成13年には国指定史跡となっている。現在、史跡公園として活用するために環境整備事業が進められている。

**図 12　柳田布尾山古墳測量図**（氷見市史編さん委員会，2002）

## 14. イヨダノヤマ古墳群

所在地　　　　富山県氷見市

時　代　　　　古墳時代中期

〔遺跡の概要〕

イヨダノヤマ古墳群は、上庄川中流右岸の丘陵上に築かれた12基の古墳（方墳6基、円墳4基、段状墓2基）によって構成されている。これらは、立地状況から5グループに分類することが可能で、標高25 m～120 mを測る尾根上に分布している。

平成5年には工業団地の造成に先立ち、直径20.5 mの円墳である3号墳の発掘調査が行なわれている。調査の結果、墳丘のほぼ中央で上端5.5 m四方の埋葬施設が確認され、その底面には長さ3.9 m、幅0.55 mの割竹形木棺の棺底が検出されている。

出土した須恵器によれば、古墳時代中期、5世紀後半頃に築造されたものと考えられる。また、出土遺物の中でも、県内で3例目（遺跡では2例目）となる短甲が出土し注目されるほか、全長1 m近い鉄刀や鉄鏃もあり被葬者の武人的性格をうかがい知ることができる。

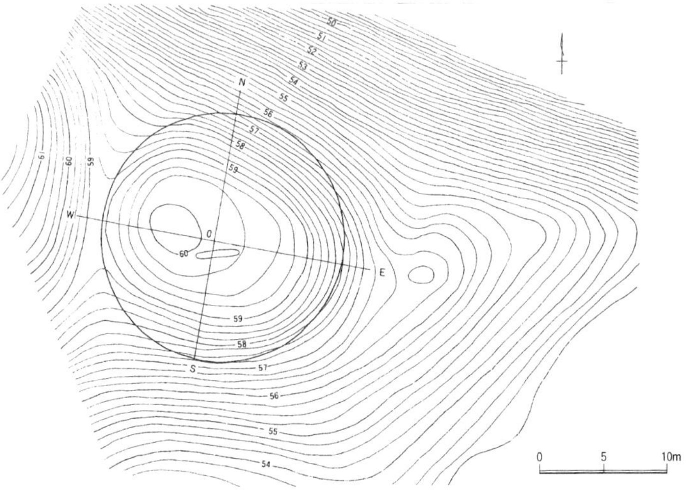


**図13　イヨダノヤマ古墳3号墳測量図**（氷見市史編さん委員会，2002）

写真16　イヨダノヤマ古墳出土遺物

## 15. 朝《あさ》日《ひ》長山《ながやま》古墳

所在地　　　　富山県氷見市朝日本町

時　代　　　　古墳時代後期

〔遺跡の概要〕

朝日長山古墳は、朝日山丘陵の東縁、長山と呼ばれる舌状に張り出した支丘の先端標高約 20 m の所に位置する前方後円墳である。現地は宅地化が進んでおり、前方部の一部を除いてすでに消滅してしまっている。

古墳は、昭和 25 年に氷見高校の歴史クラブによって石室が発見され、27 年には石室の発掘調査が行われている。その後、昭和 44 年には、現地踏査によって埴輪の破片が表採され、埴輪を伴う古墳としては県内初例となった。昭和 46 年にも円筒埴輪と形象埴輪の破片が出土している。これを受けて、47 年には歴史クラブと市教育委員会によって石室残存部分と後円部北東の埴輪出土地点の発掘調査が行なわれている。

二度にわたる調査の結果、円筒埴輪は墳丘周囲に立てられ、竪穴式石室を伴うものであったと推定されている。石室内から出土した遺物は、古墳時代後期 6 世紀前半を主体とするもので、鉄製品・金銅製品・玉類須恵器・土師器がみられる。その内容は多種多様にわたるが、中でも金銅製品は、鉄地金銅張りの杏葉や高句麗からの波及とする冠帽、布が付着した胡禄金具が特筆され、そこから導かれる被葬者は、越の海域を基盤とする国際性を有した首長と考えられている。

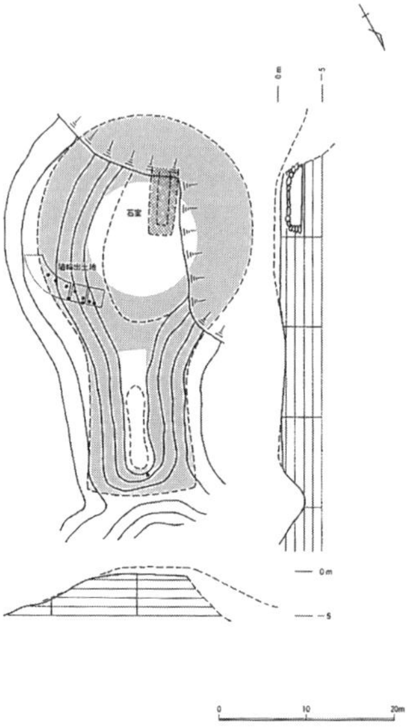


図 14　朝日長山古墳測量図
(氷見市史編さん委員会，2002)

写真 17　朝日長山古墳出土遺物

## 16. 加納《かのう》横穴墓群

所在地　　　　富山県氷見市加納

時　代　　　　古墳時代終末期

〔遺跡の概要〕

加納横穴墓群は、余川川と上庄川に挟まれた丘陵の東端にある、通称蛭子山と呼ばれる山の中腹標高 10～40 m に分布している。北・東・西の 3 支群に分類され 1 遺跡としては県内最多となる 88 基の横穴墓が確認されている。

以前からいくつかの横穴墓は開口していたものの、大正 11 年には土地所有者が横穴墓を発見したことでにわかに注目が集まり、直後の調査で 38 基の横穴墓が確認され、人骨、鉄刀、金環、勾玉、切小玉、管玉、小玉、須恵器、土師器、銅銭等が出土した。以後、昭和 40 年まで数度にわたる発掘調査がなされ、昭和 48 年には氷見市指定史跡となっている。出土遺物では、6 世紀後半から 7 世紀末の資料がみられることから、追葬を考慮すると 6 世紀後半～8 世紀初めまで造営されていたものと考えられている。

なお、横穴墓の羨門上部に段状の刻みを持つものが北・東支群に集中しているが、そこにはアーチ型の玄室が多くみられる。このことから、西支群との間には何らかの格差があったものと考えられている。

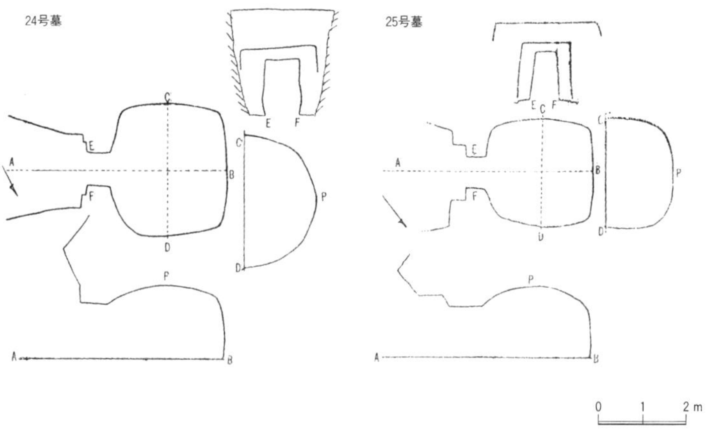


**図 15　加納横穴墓群測量図**（氷見市史編さん委員会，2002）

写真 18　加納横穴墓群出土遺物

## 17. 藪《やぶ》田《た》薬《やく》師《し》遺跡

所在地　　　　富山県氷見市藪田

時　代　　　　古墳時代終末期、中世

〔遺跡の概要〕

藪田薬師遺跡は、藪田漁港から約 300 m 内陸に入った丘陵斜面の標高約 18 m～25 m のところに位置している。

昭和 59 年、急傾斜地崩壊防止工事中に 2 基の横穴墓が発見されたことから、同年、氷見市教育委員会によって発掘調査が実施されている。調査中にも新たに 1 基確認されたことから、3 基に留まらない数の横穴墓が周辺に存在している可能性がある。

調査の結果、1 号墓からは五輪塔・宝篋印塔・板石塔婆・石仏・渡来銭など 15 世紀代の遺物が出土しており、横穴墓を再利用して中世墓を作った事例として注目される。7 世紀末頃の造営と考えられる 2 号墓では須恵器の杯、鍛冶滓が出土している。3 号墓は 7 世紀前半頃と考えられ、須恵器、内黒の土師器碗のほかに吊金具と刀装具を伴う全長 75 cm の鉄刀が出土している。このため、鍛冶に関する集団や工人の墓の可能性が指摘されている。遺物の時期は、7 世紀中頃から 8 世紀初めに位置付けられ、2・3 号墓では火葬骨が出土していることも考慮すれば、火葬導入時期を示す事例といえる。

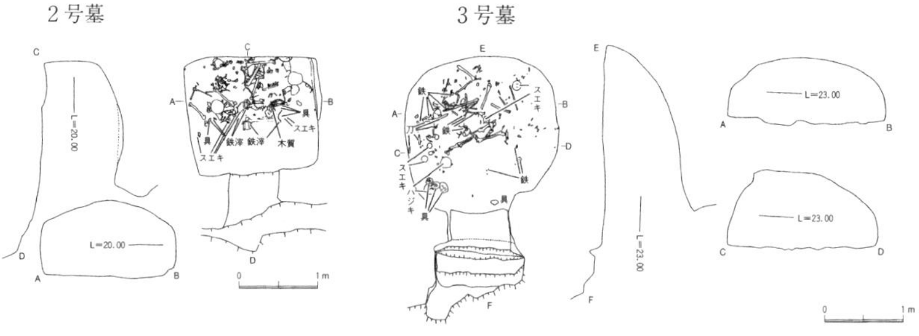


**図 16　藪田薬師遺跡 2 号墓・3 号墓測量図**（氷見市史編さん委員会, 2002）

写真 19　藪田薬師遺跡出土遺物

## 引用文献


逸見　護編　1983『昭和57年度 高岡市埋蔵文化財調査概報』高岡市教育委員会

栗山雅夫　2004「考古資料にみる西山古墳街道」『黄泉之国再見―西山古墳街道―』ふくおか歴史文化フォーラム図録　福岡町教育委員会

酒井重洋　1983『頭川城ヶ平横穴墓群　第1次緊急発掘調査概要』高岡市教育委員会

西井龍儀・宇野隆夫・麻柄一志　1999『(富山考古学会創立50周年記念シンポジウム）富山平野の出現期古墳』富山考古学会

西井龍儀・伊藤隆三・久々忠義・高木場万里・塚田一成・大野淳也・中井真夕　2002『小矢部市史　おやべ風土記編　おやべの遺跡』

氷見市史編さん委員会　2002『氷見市史7』資料編5考古　氷見市

山口辰一　1998a『(高岡市埋蔵文化財調査報告第2冊）院内東横穴墓調査報告―平成7年度、小矢部川水系院内大谷砂防改良工事に伴う調査―』高岡市教育委員会

山口辰一　1998b『(高岡市埋蔵文化財調査報告第3冊）江道横穴墓群調査報告―平成8年度、江道地区急傾斜崩壊対策事業に伴う調査―』高岡市教育委員会

# 第 IV 部

# たくみのトびら

ワークショップに参加した子供達

# 勾玉づくり・火起こし・土器復元・拓本・クラフトワーク

フォーラムは三つの大きな柱で構成しており、「聴いて」「見て」「触れる」機会を提供することを目的に企画を立てた。このうち、埋蔵文化財に「触れる」機会を提供するために、勾玉づくり、火起こし、拓本、土器復元、クラフトワークの計5つのメニューを準備した。火起こしを除くこれらのメニューは、平成10年から実施しているUの祭典（生涯学習大会）の考古学教室で行なってきたものである。したがって、基本的な道具類についてはすでに揃えてあり、そのノウハウについても積み重ねがあった。

さらに、私自身が同時進行するフォーラム座談会の壇上に登ることになったため、ワークショップは調査補助担当者と社会教育関係者が指導員となって実施した。手順や説明すべき事柄については、事前に研修のようなものを行なって準備をすすめた。

注意したのは、人気のあるメニューに集中することを防ぐことで5つのメニューをスタンプ・ラリー方式でまわることにした。そして全体を回り終えた子供にはプラ板に埴輪等を描き込んだ手づくりの〈キーホルダー〉をプレゼントした。また、草木染め友の会の協力により、勾玉や土器の模様を散りばめた〈バンダナ（スカーフ）〉を作った。これらは、先着50名の子供にプレゼントするとともに、スタッフも身につけることで、一体感を生み出すことを意図した。さらに、マスコット・キャラクターとして補助員さんに描いてもらった「まがたん」をあしらった〈特製うちわ〉も200本作り、来場者に配布した。また、フォーラム自体のチラシは大人向けであったので、新たに子供向けの〈チラシ〉を作成し、小学校と中学校に配布した。

体験した成果物は持ち帰れるようにしたが、火起こしについては、火をつけるだけでは面白みに欠けるので、火がついたら炭火をいれたバーベキューコンロに移して〈自家製パン〉を焼くことにした。パン生地はこちらで準備し、山で竹を伐採し、それを割って作った竹棒に巻き付けて焼いてもらった。

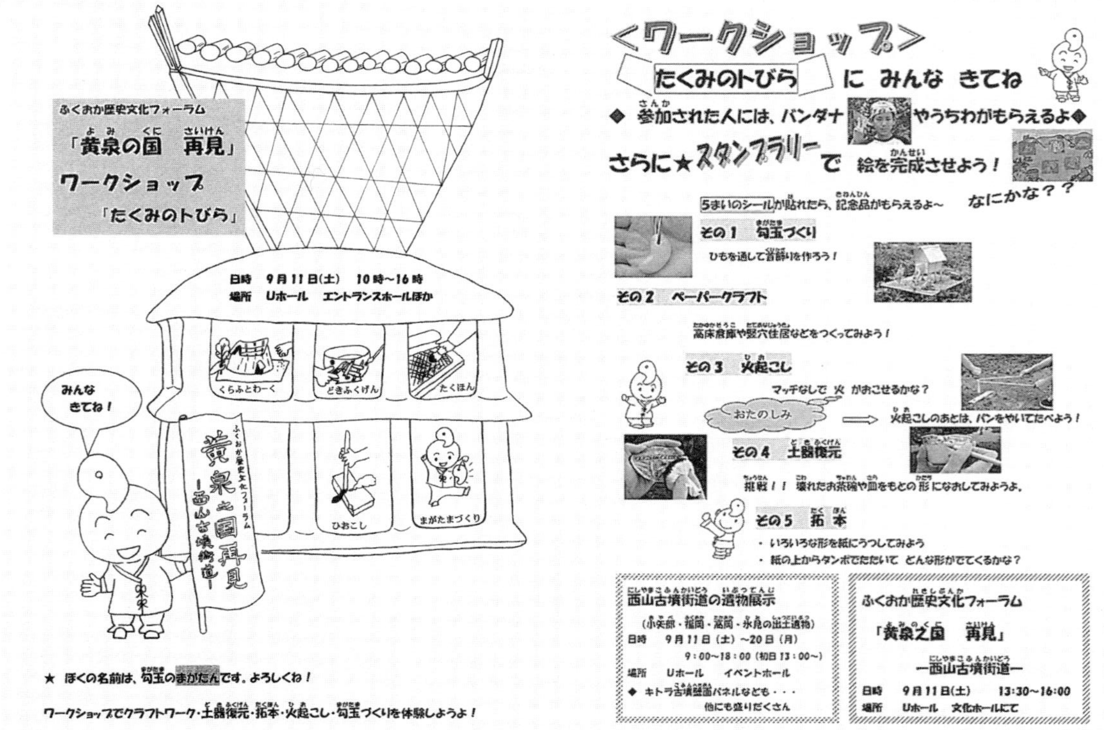
ふくおか歴史文化フォーラム
「黄泉《よみ》の国《くに》　再見《さいけん》」
ワークショップ
「たくみのトびら」
日時　9月11日(土)　10時～16時
場所　Uホール　エントランスホールほか
くらふとわーく
どきふくげん
たくほん
ひおこし
まがたまづくり
ふくおか歴史文化フォーラム
黄泉之国再見
―西山古墳街道―
みんな きてね！
★ ぼくの名前は、勾玉《まがたま》のまがたんです。よろしくね！
ワークショップでクラフトワーク・土器復元《どきふくげん》・拓本《たくほん》・火起《ひお》こし・勾玉《まがたま》づくりを体験しようよ！
＜ワークショップ＞
たくみのトびら　に みんな きてね
◆ 参加《さんか》された人には、バンダナやうちわがもらえるよ◆
さらに★スタンプラリーで　絵を完成《かんせい》させよう！
5まいのシールが貼《は》れたら、記念品《きねんひん》がもらえるよ～　なにかな？？
その1　勾玉《まがたま》づくり
ひもを通して首飾《くびかざ》りを作ろう！
その2　ペーパークラフト
高床倉庫《たかゆかそうこ》や竪穴住居《たてあなじゅうきょ》などをつくってみよう！
その3　火起《ひお》こし
マッチなしで 火 がおこせるかな？
おたのしみ
火起《ひお》こしのあとは、パンをやいてたべよう！
その4　土器復元《どきふくげん》
挑戦《ちょうせん》！！　壊《こわ》れたお茶碗《ちゃわん》や皿《さら》をもとの 形《かたち》 になおしてみようよ。
その5　拓本《たくほん》
・いろいろな形を紙にうつしてみよう
・紙の上からタンポでたたいて どんな形がでてくるかな？
西山古墳街道《にしやまこふんかいどう》の遺物展示《いぶつてんじ》
(小矢部《おやべ》・福岡・高岡・氷見《ひみ》の出土遺物《しゅつどいぶつ》)
日時　9月11日（土）～20日（月）
9：00～18：00（初日13：00～）
場所　Uホール　イベントホール
◆ キトラ古墳壁画《こふんへきが》パネルなども・・・
他にも盛りだくさん
ふくおか歴史文化《れきしぶんか》フォーラム
「黄泉之国《よみのくに》　再見《さいけん》」
―西山古墳街道《にしやまこふんかいどう》―
日時　9月11日(土)　13:30～16:00
場所　Uホール　文化ホールにて

図1　お子様向け案内

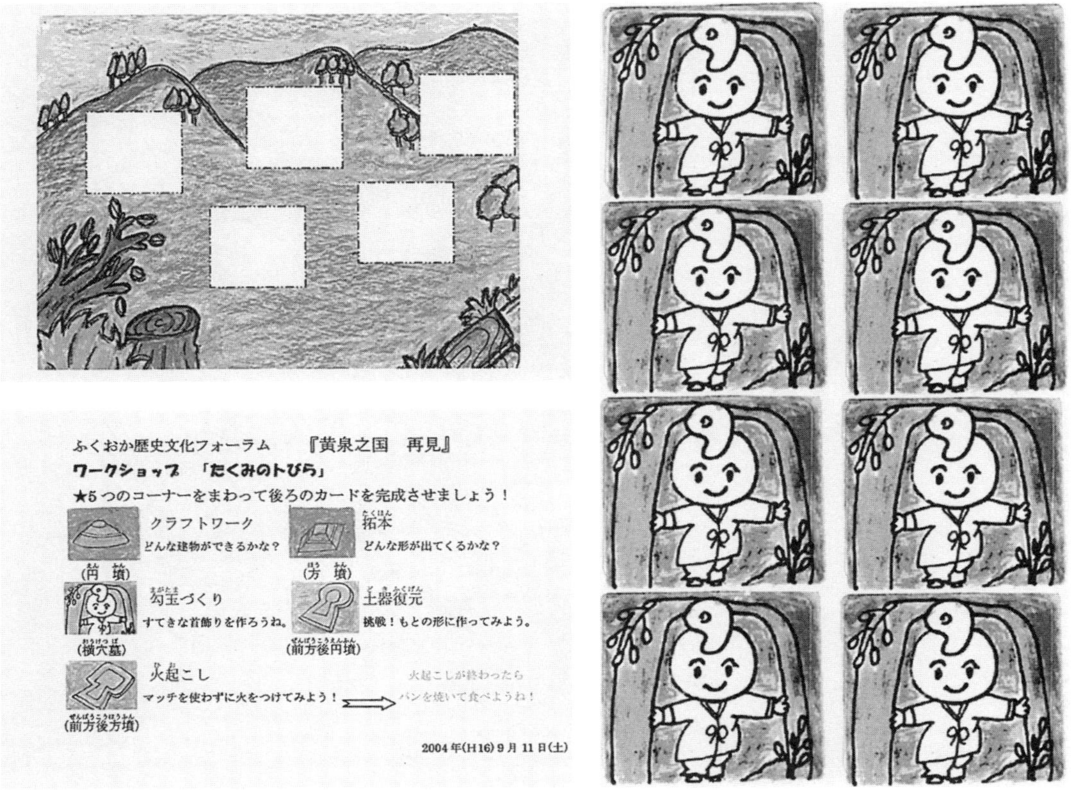


図2　スタンプラリーカードとシール

図9「まがたん、勾玉を作って火起こしをする」の巻

図10「まがたん虎の巻」の巻
のり

## 挑戦！勾玉づくり

加工が容易な滑石を用いて、お手製の勾玉を作りましょう。

耐水ペーパーで仕上げた後は、皮紐を通してペンダントに…

えんぴつで下書きしましょう。
☞石いっぱいに大きく描いてね。

のこぎりで周りを切りましょう。
☞思いきって線の近くまで切って！でも、指は切らないでね。

キリで穴を開けましょう。
☞開いたら棒の鉄ヤスリで、穴の中をきれいにしてね。

紙や鉄のヤスリで角を削り落としましょう。
☞仕上がり美しさは、ここで決まるので気合いをいれて！

目の細かい紙やすりで、水に浸けながら仕上げみがきをします。
☞ツルツル・ピカピカになるまでみがいてね。

好きな色のひもを選んで、長さを整えて結びましょう。
☞かんせーい！ヤッター！

写真1　ピカピカにして、完成間近

## 野外生活の必須科目！　火起こし

舞ギリ式、ヒモギリ式の道具を用意して火起こし体験。

起こした火を使い、炭火で自家製ねじねじパンを焼いて試食。

火起こしの道具を選びましょう。
☞「弓ギリ式」「キリモミ式」「ヒモギリ式」「舞ギリ式」があるよ。2人で火を起こすなら、ヒモギリ式だよ。まがたんは、キリモミ式で火を起こしているよ。

ひきり板にひきりぎねを立てて、回転させよう。
☞ひきり板が動かないように、しっかり固定しよう。

コツがつかめるまで、回し続けよう。
☞リズミカルな回転を心掛けて！

煙が上がり、茶色い木くずが出て、焦げ臭くなってくるよ。
☞油断禁物。ここからが勝負！

火ダネが見えたら、繊維に移して息を吹きかけよう。
☞大切に火を育てよう。

この火を使って、料理をすると、美味しさ倍増だね。
☞まがたんは、パンを焼いてるよ！

写真2　なかなか起きない火

## 目指せ！土器修復士

素焼きの土器や陶器・磁器を使って、ガシャンと割りましょう。

石膏を入れ、着色してどこまで元通りになるか挑戦。

土器が割れました。
☞遺跡から出土する土器は、ほとんど全てが破片です。

接着剤でくっつけましょう。
☞破片をいくつか、残しておきましょう。

石膏を入れる器壁回りにテープを貼ります。
☞これで、はみ出しても大丈夫！

欠けた部分に石膏を入れます。
☞もとのかたちを想像して、手早くね。

石膏を乾かしましょう。
☞「あっ！」という間に固まるから、石膏入れの作業も、手早くしよう。

石膏がデコボコした部分を、ヤスリやナイフで削り落とそう。
☞少しずつ、少しずつ丁寧にしよう。

色を塗りましょう。
☞何度も重ね塗りして、見分けがつかなくなれば、大したもの。

出来上がり！
☞元どおりの状態になったかな？
間違って、使わないようにね！

写真3　最初の難関、接合

## コピーの元祖！　拓本

実物の土器破片や、拓本をとって面白そうなものを用意して、拓本作業を体験してもらいます。

画仙紙をモノの形の大きさに切りましょう。
☞拓影をとる部分よりもひとまわり大きくね。

水に濡らして、「モノ」にピッタリと張り付くようにしましょう。
☞しわがよらないようにしよう。

ティッシュやタオルでモノと画仙紙の間に挟まった空気を追い出そう。
☞押し出す方向は同じにしよう。

画仙紙を乾燥させましょう。
☞天日干しは時間がかかるので、ドライヤーを使って…

タンポ（墨をつける布）で墨を打って、文様を浮かび上がらせます。
☞丁寧に集中して、少しずつ墨を打ちましょう。

破れないように、ゆっくりはがします。
☞厚い本にはさんだりして、しわを伸ばせば貴重なモノの資料の出来上がり！

写真４　のりパネに貼ってお持ち帰り

## 出来るかな？遺跡復元

『とやま文化財読本』（富山県教委発行）のペーパークラフトを素材に、遺跡をジオラマ風に再現してもらいます。

好きな遺跡や文化財の型紙を選びましょう。
☞ひとつひとつのパーツが大きいものの方が簡単だよ。

色鉛筆で色を塗りましょう。
☞ステキな色を塗って、自分だけの作品を目指そう！

ハサミやカッターで、型紙を切り抜こう。
☞間違って指を切らないようにしてね。

のりしろにのりを塗って、組み立ててみよう。
☞最初にパーツがそろっているか確認してね。

パネルの上に置いて、ひとまず完成だ。
☞でも、何だか周りがさびしいね。もうひとひねりしてみよう。

遺構や建物の周りの自然を再現してみよう。
☞身近にあるものを使って、工夫をこらそう。

写真5　どこまで「こだわり」を持つかが分かれ目

写真 **6**　特製うちわ

写真 **7**　草木染による特注バンダナ

写真 **8**　参加スタイル

# 第V部

# フォーラムから見えるもの

加茂横穴墓22号墓玄室内より

# 歴史のストックを活かしたまちづくり

国立歴史民俗博物館・総合研究大学院大学　広瀬　和雄

## 1. 公共財としての歴史遺産

ここしばらく日本各地の行政は、○○会館や○○ホール、図書館や美術館・博物館といった「箱もの」づくりをつづけてきた。どうしてこんなところに！　と思うような場所にも、ぴかぴかの「箱もの」が「どうだ」と言わんばかりに、人びとを睥睨しながら聳えたつ光景にまま出くわすことがある。その偉容はそれなりに街の豊かさのイメージアップにもなったし、大方の市民の誇りにもつながっているから、あえて目くじらを立てなくてもいいのかもしれない。もっとも、使用頻度が急減したにもかかわらず、維持費が高くつくから閉鎖しようとか、そこまでいかなくとも開館時間を縮めようとか、あるいは民間委託にして商業ベースで活用しようとか、もともとの公共性を大きく損なわないかぎりは、という但し書きつきならば、だ。

私たち日本人が共有してきた得意の「横並び意識」のなせる術だろうか、そうした「箱もの」のおかげでというか、画一的な思考のたまものというか、いささか各地の街なみに個性が乏しくなってきた嫌いは否めない。〈画一的な環境には画一的な思考が宿る〉。いやその逆かもしれない。「卵が先か、鶏が先か」の類いなのであろうが、ますますそのような傾向が強まっているような気がするのは、私の思い過ごしなのだろうか。そういったことを考えていると、どうしても「イラク人質事件」で澎湃と沸き起こった、官民あげての「自己責任」コールを思い出してしまう。

それはともかく、いろいろな「箱もの」が一同に会したいま、市民のためにどう活用していくかという、いわゆるソフトづくりがどこでも焦眉の急になってきた。ここではそうした課題には触れないが、あえて膨大な建設費をかけずとも、目的意識のはっきりしたソフトといささかの整備費があれば、費消されたコストを取り戻してもまだ十分な満足度が得られる公共財産がある。それにぜひ眼を向けて欲しい。

現代社会のなかに遺されてきた過去である歴史遺産、〈大地に埋もれた人びとの労働の痕跡である遺跡・遺物〉がそうである。文化財保護法では「埋蔵文化財」と規定された国民の共有財産で、往時の人びとが生活したり、生産活動を実施したり、墓をつくったりした場所で、北は北海道から南は沖縄県まで、日本列島いたるところにそれは遺されている。そして、各々の地域社会に彩りを与え、凹凸をもった個性的、かつ歴史的な生活環境を形づくってきた。もっとも、まだまだ大方の人びとに周知され、認知されているとはけっして言いがたいけれども。

もっとも埋蔵文化財が脚光を浴びだしたのはそんなに古い話ではなくて、せいぜいここ二、三〇年ほどのことである。道路や鉄道、住宅や学校などの建設、あるいは圃場整備や河川改修等々といった国土開発によって、遺跡がそのまま現状保存できない場合、次善の策として発掘調査を実施し、記録（○○遺跡発掘調査報告書という形で、膨大な量が毎年、各自治体や各埋蔵文化財センターなどから出版されている）だけでも残そうという、「記録保存」のための発掘調査（事前調査といったり、緊急調査といったり、行政発掘といったりもする）が、1970年代から各地で活発になってきた。その結果、いまや膨大な考古資料が蓄積されてしまい、掘り出された歴史情報に価値を与えるべく考古学研究者は日々、活発な研究活動をつづけている。

そうしたかいもあって、文字には記されなかった歴史、大地に刻まれた歴史が少しづつ明らかになってきた。余談になるが、「記録保存」のための発掘調査に費やされた経費は、平成9年がピークで1300億円強。そして、各自治体やその外郭団体で調査を担当する専門職員（最近では発掘会社もたくさん設立されている）は、平成10年で7000人を超えた。ただ、ここ数年は経済低成長のせいで、調査経費は急速に減少してきたし、担当職員もほぼ横ばい状態である。

いま簡単に述べたような「記録保存」のための発掘調査を中心とした埋蔵

文化財行政だが、もともとの目的は埋蔵文化財の保護にあるから、怒濤のような開発ラッシュのなかでも幾多の遺跡が国や自治体の史跡に指定されて、あるいは開発計画のなかに組み込まれて保存されてきた。マスメディアに喧伝されて一躍有名になった佐賀県吉野ヶ里《よしのがり》遺跡や青森県三内丸山《さんないまるやま》遺跡なども、当初の工事計画を断念し、史跡公園に切り替えて成功した例である。また最近では、開発行為とはかならずしも関係なく、国・自治体が一体となって埋蔵文化財の計画的な保存整備をすすめつつあって、非常に喜ばしい事態になりつつある。

## 2. 遺跡と地域の個性

埋蔵文化財と街づくりの関連を考えてみよう。今日まで残されてきた遺跡をもし消去すれば、街や地域そのもののイメージが変わりかねない。たとえば、奈良盆地や河内平野に聳立した、大和《おおやまと》・柳本《やなぎもと》古墳群や古市《ふるいち》古墳群や百舌鳥《もず》古墳群に密集した巨大な前方後円墳。大和政権とか畿内政権などと呼称され、古墳時代における政治権力の中心地をささえてきた大型古墳群である。もしこれらが消失すれば、奈良が奈良でなくなってしまいかねないし、私たちは古代王権についてどのようなイメージを描くことができるだろうか。

大和や河内（和泉）における巨大前方後円墳の多くは、宮内庁によって天皇陵や陵墓参考地として管理されているが、それらが万世一系の天皇制を実感させるイデオロギー装置だ、という事情も、私たちは考えておかねばならない。つまり、墳丘の長さが200 m を凌駕するような巨大古墳は、大量の労働力や物資の調達やその組織化がなければ建設不能だ、といった事情は、ほとんどの人びとがすぐに了解してしまう。そうするとつぎに、それらを築造した特定の人びとが強い権力をもって国土を統治した、というのも容易に首肯されるだろう。そして、○○天皇陵と書かれた宮内庁の高札をよめば、よほどの考古学的知識があるか、天皇陵への関心の深い人びとでなければ、スムーズにそれを納得してしまうだろう。

ビジュアルは強い。考古学者がいくら現行の天皇陵治定《じじょう》には問題があるといっても、さらには学術論文や著作で主張しても、巨大前方後円墳と宮内庁の高札を目の当たりにすれば、大方の人びとはそちらに頷いてしまうのではないか。人間の理性に訴えるのは手間暇がかかるが、感性への訴求はすこぶる早いし、強い。ここに埋蔵文化財の威力が包摂されている。私たちが歴史教育で学習してきた弥生時代や古墳時代、はたまた奈良時代や平安時代の実在は、いったい何で証明するのか。古文書がなければ、いやあったとしても、いまに遺された歴史遺産の力は強力である。

京都の市街地に埋もれた平安京。かつての街区の名残りが現代の町割として良好に残っていて、そうしたさまを見て私たちは教科書で習ったとおりの平安時代を実感する。私の職場の国立歴史民俗博物館が一角を占めている佐倉城は、石垣のない濠や土塁がよく保存されていて往時の面影をいまに伝えてくれる。結局のところ戦争には使われなかった城ではあるが、平和だった江戸時代にもかかわらず、戦国時代の残滓をそこから読み取ることも可能であろう。おなじく千葉県の史跡公園では、廃棄された貝殻がマウンドをなした縄文貝塚の千葉県加曽利《かそり》貝塚が有名だ。ここにたつと、採集・狩猟・漁労の生業を営んでいた縄文人の姿が浮かんでくるし、装飾性に満ちあふれた縄文土器を見ると、彼らの豊かな感性とともに、余裕をもった暮らしぶりに思いをはせることができる。

これら史跡公園のなかには先述した吉野ヶ里遺跡や三内丸山遺跡、さらには福井県朝倉氏の館や世界遺産をめざす島根県の石見《いわみ》銀山などのように、立派な観光地になっているものも少なからず見受けられる。そこでは歴史遺産に商業価値が付与され、地域おこしの重要な役割を担っている。

### 3. 古墳で結ぶ西山歴史街道

旧福岡町では「黄泉（よみ・よもつ）国」が実感できる城ヶ平横穴群や加茂横穴墓群、15～16世紀にかけてこの地域の領主の拠点であった木舟城、埋蔵文化財ではないけれども地元の自然を活かし「笠の福岡」で知られた菅笠—国の文化的景観（重要地域）に選定—や、国指定重要文化財の佐伯家住宅や市指定史跡の西明寺塚五輪塔等々、等身大で地域の歴史を実感できる歴史的かつ文化的資源がたくさん遺されている。そうした歴史遺産にスポットをあてて、いまを生きる人びとの豊かな環境づくりにどのように活かしていくか。それこそが、官民あわせての喫緊の課題である。

もっとも、古墳時代の横穴墓をそのまま市民に提示したところで、なんのことやらよくわからない。それなりの説明がなければ、丘陵斜面に穿たれた単なる穴ぼこにしか見えないのはあたりまえで、そこに内在した価値を十分にひきだして、わかりやすく発信しなければならない。そのためには考古学研究にもとづく学術的価値の付与が不可欠である。いいかえれば、横穴墓が秘めてきた潜在的価値を顕在化する、そこにこそ学術研究の役割があるわけだ。

一つ二つ、「古墳で結ぶ西山歴史街道」の歴史的意義について簡単に述べておこう。城ヶ平横穴群や加茂横穴群は6~7世紀の限られた人びとの墓である。この地域の有力家族層の墓であって、そこには古墳時代の葬送観念が表出されている。さて、現代の私たちは、霊魂と肉体の分離を〈死〉とみなしているから、肉体は荼毘に付しても霊魂が「あの世」で生きつづける、と漫然と思っている。大きな体が燃やされて小さな骨の塊になっても、その後の儀式にのっとった鎮魂さえまっとうすれば、死は死として定着していくと漠然と了解している。そして、そうした〈霊肉分離の観念〉は人間固有のものだ、と認識している人びとも多い。

しかし、はたしてそうだろうか。万物流転す。人間の観念も刻々と変化してきた。深く考えるまでもなく、身近なことをみてもすぐにわかることだ。ここで詳しくは述べられないが、私の考えでは、生きている人間にとって絶対に避けられない死、誰もが見たことも聞いたこともない死後の世界、そうした恐怖にたいして、他界というもう一つの世界をつくることで人びとは救われた。

肉体は滅びたあとでも、霊魂が生きつづける〈他界〉という観念装置は、人間の最高の発明だと私は思う。死んだらそれですべてが終わる、というよりも、老若男女、富める人も貧しい人も相集うもう一つの世界があると想念したほうが、よほど楽しいし、生きている人びとは救われる。そうした霊肉分離の観念は、畿内地域を嚆矢として5世紀後半ごろ以降、日本列島に澎湃とわき起こってきた。考古学的には死後の世界で飲食するという「黄泉戸《よもつへ》喫《ぐい》」、そのために必要な容器類—須恵器《すえき》・土師器《はじき》—の副葬と、死者のために付与された広い空間の構築である。

加茂横穴墓群や城ヶ平横穴墓群の、死者を横たえるだけではいささか広い墓室や、須恵器や土師器の副葬はまさしく、そのあたりの事情を表している。それらは仏教が用意したような、誰にも見えなくて、日常から遠く離れた、そして万人共通の他界ではけっしてなかった。可視的で、往還可能で、日常世界とつながった個々の有力層だけの他界、いわば属人的な他界であった。

いま一つは、横穴墓群を築造した人びとの階層である。城ヶ平横穴墓群には亀甲繋文《きっこうつなぎもん》を象嵌《ぞうがん》した頭椎《かぶつち》大刀が、須恵器などとともに副葬されていた。これまでの通説では、貧富の差が顕著になってきた民衆のなかでも、力を蓄え、政治的に台頭してきた有力な家族層が、こうした横穴墓をつくったとみなされてきた。しかし、あきらかに首長層の一員としか思えない横穴墓も各地ではまま見られるから、城ヶ平横穴墓群なども当該地域の政治的リーダーが構築した可能性も否定はできない。もしそうだとすれば、どうして他地域のように墳丘をつくらなかったのか、といった問いもでてくる。そこにどのような旧福岡町の歴史的特性を見いだすのか。これからの重要な研究課題である。

いま、研究成果のほんの一断面を垣間見たにすぎないが、このような研究という名の故事来歴をくっつけることで、ただの穴ぼこにしか見えなかったものが「黄泉国」への通路としての門構えに視えてくる。丘陵に穿たれた横穴墓の暗闇から、歴史の光彩が放たれるというわけだ。

### 4. 市民と行政で、豊かな生活環境を！

「古墳で結ぶ西山歴史街道」の「売り」は歴史遺産だけではない。元取山頂上からの景観のすばらしさは捨てがたい。正面に神々しいまでの立山連峰、はるか遠くに富山湾。眼下には小矢部川が時間をかけて形成し、列をなした自然堤防。そこに乗っかった散村の数々。土地に刻まれた歴史が一望できるビューポイントだ。自然と歴史が一体となった、これだけ素晴らしい景観にはそんなにお目にかかることはできない。ここに四阿《あずまや》でもあれば、ベンチに寝ころんでバッハの無伴奏チェロ組曲でも聴きながら、いつまでも小説を読んでいたい。

どれだけ心豊かに日々を過ごせるか。高品質な生活環境の創出とその保持がこれからの行政の課題となってくる。そのためには、市民と行政と学識経験者などが有機的な結びつきをもったほうが有効なのは、ことさら言うまでもない。ノウハウを持っている行政が先頭に立たないと実現はしがたいけれども、行政主導だけでは「閑古鳥」が鳴くかもしれない。各地の史跡公園の多く―市民が知らないし、交通アクセスも悪い、といったものが目につく―が、そういった事態に立ちいたっているのも現実である。宝の持ち腐れで、じつにもったいない。市民は行政に下駄を預けてばかりではいけないし、批判ばかりでもいけない。官民一体となって、公共の福祉といった観点からの街づくりを考えていったほうが効率的であろう。

開発された自然としての里山の風情を色濃くもった西山歴史街道。そこでは緑豊かな木々、山菜、野草、昆虫などに親しみながら、古代をはじめとした等身大の歴史を実感できる。そもそも、人間とは退屈する動物である。日常生活は単調で変化に乏しい。もっともそうだから日常なのであるが。しかし、そのなかに非日常があれば、多彩な生活環境があれば、同質のなかに異質な部分があれば、それらが多ければ多いほど、豊かな楽しい日々が過ごせるのではないか。あまりにも日常すぎるだけに見過ごされがちな自然、気づかないうちに地域の伝統を形づくってきた歴史。それらにほどよい加工をほどこして―多少の自然の改変はともなう―生活環境づくりに資したほうが、そうでないよりもずっと豊かな日々を過ごせるのではなかろうか。

# 文化財写真のデジタル記録と保存

井上　直夫

## はじめに

文化財の記録写真はその時点で最良の方法が講じられた、高画質で高品質のものでなければならない。つまり、大型の銀塩カメラを使って、緻密な画像を記録し、そしてそれをしっかりと後世に伝える義務がある。

銀塩写真の衰退という現実はあるもののデジタルカメラの急速な進歩により安易な撮影方法も横行し、この事が守られなくなりつつある。ここでは文化財写真のデジタル記録と保存について述べてみる。

### (1)　文化財写真は高画質で

文化財写真はなぜ高画質でなければならないか。まず発掘は、調査という名の一種の破壊行為である。破壊された遺跡は二度と元には帰らない。こう考えると、その時記録された写真は破壊の代償である。そうなると必然的に高画質で、高品質でなければならない。つまり、写真が文化財に成り代わり、写真から遺跡の立体感や質感が表現できなければならない。となると、中途半端なデジタルカメラでの撮影ではとても表現しきれないのである。

時間に追われた発掘現場の撮影では、いい加減な撮影をしがちだが、決して手を抜いてはいけない。撮影時間・方向・ライティングなどきっちりと守り、画像処理を前提とした撮影は慎むべきである。

写真はフィルムサイズが大きくなれば画質はどんどんと向上し、緻密な描写が可能になる。従って、文化財写真は、本来4×5など大判サイズのカメラで撮影されなければならない。

(2) デジタルカメラ

最近デジタルカメラの性能が向上し、なおかつ安価になっている。そこでフィルムカメラの代わりに使用するところが増えている。デジタルカメラが絶対ダメかと問われればそんなことはない。1200万画素以上の高画素デジタルカメラを使用すれば、銀塩の中判サイズのカメラに近い画質が得られる。しかし、記録保存を前提とするのであれば現状では答えは「NO」である。

一般的には撮像板の画素数が多ければよく写るが、画像を構成する要素は画素数だけではない。同じものを撮影してもメーカーによってかなり色目が違ったり、見た目にシャープだったり、写り方は各社様々である。カメラメーカー独自の画像処理が行なわれているから、その様な結果が生まれる。

文化財写真に使用するならば、少なくともカメラ内部では一切の画像処理が行なわれない、RAWデータ撮影できる機種を選ぶ必要がある。また、一般に広く用いられているJPEG形式での保存は避けなければならない。JPEG形式は、保存の際圧縮、展開する際には補間が行なわれ、本当の意味での高画質は望めないからである。

例えば10M（メガバイト）の画像を1MのJPEG形式で圧縮保存をすると展開する際間引かれた9M分のデータは自動生成される。このようにファイルを開いた時、元データと同じようにもどらないことを非可逆圧縮と呼ぶ。従って、文化財の保存を前提としたデジタルデータの保存形式はJPEGなどの非可逆圧縮ではなく、圧縮を伴わない方法、或いは可逆圧縮、つまり圧縮を行っても展開する際元データとまったく変わりのない圧縮方式を用いなくてはならない。

弱点としてよく知られていることに、擬色*1、モワレ*2、トーンジャンプ*3、ジャギー*4などの発生がある。画素数が500万画素程度であれば、六ツ切くらいまではなんとか問題はないが、全紙、全倍などとサイズが大きくなってくるとこれらのアラが見えてくる。

デジタルデータは入力と出力が1：1で成り立っておりこれを無視して拡大すれば補間、小さくすれば間引きが必ず行なわれ、画質が低下するのである。高画質を望むならば、ファイルの扱いには十分注意し、入出力の関係をしっかり守る必要がある。

また、撮影レンズには独特な表現力、いわゆる「レンズの味」と言うものがあるが、小さな撮像板のデジタルカメラではあまり存在しない。特に一眼レフタイプではないデジタルカメラは拡大撮影以外、常にパーンフォーカス*5に近い状態となり、レンズの表現力、ボケ味などはない。さらに、フィルムに比べラチチュード*6が狭い。

一般的に普及しているデジタルカメラは、256階調で再現されている。このため、例えば白からなだらかに黒へ移行するグラデーションなども256階調で表現されるためどこかでトーンジャンプが起こりフィルムと比較すると汚い。フィルムであればほぼ無限に近い自然な階調表現ができる。

たしかに、最近の1200～1600万画素のハイエンドデジタルカメラの描写力（特に解像力）は35 mmフィルムカメラを上まわっている。それでも上記のことが完全に払拭されているわけではない。また、画素数が多くなれば当然記録されるファイルサイズも大きくなってくるため扱いにくくなる。

デジタルカメラの利点としてはその場で撮影結果が分かる、即座にデータを遠方に転送可能、データがすぐに利用できる、善し悪しは別としてデータの加工が簡単にできる、といったことが挙げられる。また、暗い場所など、条件の悪い所での撮影はフィルムには真似のできないものである。

このようにデジタルにもフィルムにはない利点が多く、決して否定するものではない。要は使い分けである。現状でデジタル保存を行なうには、撮影も含めて様々な問題点が多く、何でもかんでもデジタルで、と言う訳にはいかないのである。

### (3)　信憑性と写真規範

デジタルカメラでの撮影でもう一つ問題となるのは、撮影された画像の信憑性である。デジタルデータは比較的簡単に画像処理ができてしまい、しかも、その痕跡が残らない。この点、証拠能力として大きな問題がある。

警察の鑑識、医療現場での臓器の写真など、デジタルカメラでの撮影は一部を除き認められていないようである。文化財写真も歴史の検証という観点から見れば、デジタルカメラのみでの記録は避けるべきであろう。

私も、いくつかの報告書の中で写真の視覚上みっともないブルーシートの色を目立たなくしたり、シートや電線を消去した経験がある。もちろん発掘した遺跡そのものにはまったく手は入れていないのだが、はたしてこれを行って良かったものか否か、文化財写真に対してそのような指針はどこにも存在していなかった。少なくとも発表する写真を加工した場合、どこをどのように加工したかを明記する必要がある。

一方、画像処理でよく行なわれる変退色したものの修正、コントラストや濃度の調整などは「改変」でも、「捏造」でもなく、「復元」と捉えるべきであろう。

私が副会長をしている「埋蔵文化財写真技術研究会」では2003年7月に文化財写真の意義を確認し、社会との信頼関係をゆるぎないものとするため、新たに文化財写真の規範を次のように定めた。

文化財写真に求められる要件は「正確かつ情報量の多い写真記録」、「写真資料の適切な保存管理、公開と活用」にあります。

これらに対する配慮は、文化財写真に携わる者の公共的、文化的責務であるといえます。それは倫理意識と使命感のもと、的確な技術を有する者が細心の注意を払って記録・保存・公開することによってのみ全うすることが出来るものです。

埋蔵文化財写真技術研究会は、文化財記録の重要な手段である写真分野において、高い理想と技術の担い手として、常に以下の点に留意します。

撮影・製作では、高品質の写真画像を得るために、最善の方法を講じる。

撮影・製作では、正確で公正な記録となるように努める。

文化財写真画像に対し、信頼性を損なうような改変を行わない。

**文化財写真画像を広く公開し、資料として活用できるように努める。**

**文化財写真画像が将来にわたり有効な資料となるように、その保存管理には最善の方法を講ずる。**

このようなことを取り決め、撮影、保存について、常に最善な方法をとるよう努めている。

(4)　長期保存の必要性と活用

永久保存が前提の文化財写真には、カラーポジと並行し、白黒銀塩写真が必要である。なぜ白黒写真が必要かと言えば、すでに150年以上の保存の実績があるからで、それは誰でも認めるところである。保存条件のよいところに保管すれば、さらに長期間保存できるのは間違いない。しかし、カラーポジは色素画像のため年数と共に退色劣化してくる。これを防ぐには数年ごとにデュープをとる必要があるが、数回繰り返すとオリジナルに比べピントがだんだんと悪くなってくる欠点がある。

一方、デジタルデータに置き換える方法はどうか。画像がデジタルデータであるため、一度データ化すれば変退色の危険性は全くなくなる。しかし、そこには大きな落とし穴がある。データそのものは変化しないが、記録されたメディア、或いは再生機の規格変更、製造打ち切り等が問題となってくる。デジタル技術は現在過渡期であり、様々な新しいものが生まれては消えている。現状では、短くて数年、あるいは数十年の寿命であることが多い。これでは、これらに恒久的な保存を託すわけにはいかないのである。

幸いデジタルデータはコピーをしても通常は劣化が起こらない。このため規格が変わる度にデータをコンバートすれば事足りるが、そのたびに行なう手間は大変なものであるし、財政的にどの機関でもたやすく行なえるものではない。

記録した画像を利用するためには画像データベースが必須であることは言うまでもないが、特にデジタルデータはデータそのものを直接目では見ることが出来ない。従って画像付きのデータベースが構築されていなければ、ほとんど利用の価値がない。

また、保存ファイル形式を非圧縮で保存した場合枚数が多くなってくるとそのデータ量は軽くテラバイト*7を超えてしまい、きわめて膨大なものとなってくるはずである。さらに、デジタルデータはきわめて脆弱であり、データのバックアップは二重三重にとっておく必要がある。

### おわりに

文化財写真は高画質で、高品質な銀塩写真で残すことを薦めても、フィルムメーカーはどんどんと製品の数を減らしている。このままでは近い将来なくなってしまうのではないかと心配している。いずれフィルムに変わりデジタル記録が主流になるのは明らかではあるが、現在のデジタルカメラ、デジタル保存方法とその技術にも様々な問題があり、安易にデジタル化へ進むべきではない。現状でデジタル化を進めるならば、上記に述べた必ず起こるであろうデータのコンバート、膨大なデータの管理、二重三重のデータバックアップ、画像データベースの構築など、これらが絶対行なえる覚悟が要る。それができなければデジタル化への移行は慎むべきであろう。近年、デジタルカメラは「フィルムいらず、現像いらず、の安上がり」という考えで導入する機関が多いが実際にはこれらのことをきっちり実行するとフィルムで撮影するよりよほど費用はかかるし、手間もかかるのである。

今のところ、利用できるうちは銀塩写真を大いに活用するのが重要であるが、デジタル保存技術の早急な確立を期待したいものである。

擬色*1

1ショットデジタルカメラでは、コントラストの境目に不要な演算誤差が出て境目に本来存在しない余分な色が出てしまうことがある。これを目立たなくするためソフトウエアで補正している。

モワレ*2

規則正しい模様を重ね合わせたとき、例えば細かい編み目模様を撮影したとき、撮像板の画素の並びと網目模様が相互に干渉することによりできる縞状のパターン。

トーンジャンプ*3

画像の中に階調の連続性がなくなり、部分的に境界ができる現象。とくに微妙なグラデーション部分で目立ちやすい。

ジャギー*4

斜めのラインがまっすぐ表現できず、ギザギザの階段状に表現されること。撮像板の構造上防げないが高画素になれば目立たなくなってくる。これを防ぐためソフトウエアで補間処理が行なわれ、ギザギザを軽減させている。

パーンフォーカス*5

近景から遠景まで画面全体にピントが合い、全面シャープな状態。

ラチチュード*6

同時に観察することのできる最明部と最暗部の幅を「ラチチュード」と言う。ラチチュードは人間の眼を10とすると、銀塩フィルムで5、CCDは2程度しかなく、人間の眼の優秀さを思い知らされる。

コントラストの高い被写体には広いラチチュードが要求されるが、デジタルカメラのラチチュードは狭いので、一枚の写真に明るいところと暗いところを同時に写すことは難しい。(コニカミノルタ・ホームページ、楽しい写真教室・デジタル写真編より抜粋)

テラバイト*7

情報量の単位。TBと表記する。teraはギリシア語で「怪物」の意で、1兆（10の12乗）倍を表わす接頭語。1TB＝1,024GB。(アスキーデジタル用語辞典より抜粋)

# 文化財を活かしたまちづくり

地域振興研究所　主任研究員　谷本　亙

## 1. 歴史を現代に活かすこと

何度か訪れた長野県の飯田市に関心を抱いている。飯田市は長野県でも最も南に位置し、天竜川沿いに開けた城下町である。

山間の小都市も交通条件が変わることで変化してきた。古くからの天竜川や鉄道を伝う南北のつながりは、中央高速道路開通から一気に東海地方との結び付きが強まってきた。ナシやリンゴ、モモなどの果樹園芸などの農業、水引などの伝統工芸品の生産も盛んである。

飯田市は歴史と文化を生涯学習活動や市民の公民館活動などに活かしている町として知られている。博物館、美術館施設も多く、それ自体が観光資源となっている。一般に箱モノと云われる会館や文化施設や公民館などの施設は立派なものを造っても利用が少なかったりしている。しかし、飯田市では施設も立派だし利用も頻繁である。

ハードウェアとソフトウェアがうまくマッチングしているのである。

歴史セミナーの講座の案内を見せてもらった時に講師の質と講義内容の高度なことに正直驚いた。郷土史を越えた一般的な歴史講座でも大学や大学院並の水準のものである。市民の学ぶ意識の高さとそれを提供する高度なシステムが行政にある。まさに切磋琢磨して一体になって造り上げているのである。

歴史を活かしたまちづくりはよく言われるが、市民に根付いたところで行なわれていることが特筆できる所である。公民館活動も全国でも屈指の充実度であり大学からの調査活動も多いという。飯田市での歴史関連の施設を挙げれば、飯田城址内にある飯田市美術博物館は、飯田市の歴史について展示を通して学べる。伊那谷の自然と歴史の常設展示とともに、特別展と企画展も次々と展開されている。さらに、出版活動は研究体制が確立しているから出来ることといえよう。そして別館には柳田國男館が併設されている。

また、飯田市上郷考古博物館では女流日本画家・浅井秀水氏展示館とともに旧石器から縄文、弥生、古代（飛鳥・奈良・平安時代）・中世（鎌倉・室町・戦国時代）・近世（江戸時代）・近代（明治・大正・昭和時代）に至る考古遺物の展示が行なわれている。それとは別に飯田市考古資料館がある。そして、飯田市歴史研究所は、地域の歴史・文化を調査・研究し、活力ある地域社会の創造を行なうことを目指して、2003年に飯田市が設置した研究所である。地域史としての歴史を調査研究公開している。研究会や研究報告の出版活動も盛んでこれだけの活動内容を持つ事例はなかなか存在しない。

旧市街地は城下町であるが、城は明治期に解体され市街地も戦後の大火でほとんど歴史的な町並みを失ってしまった。その後、防火都市づくりや防火帯のリンゴ並木で有名になり、さらに古くからの人形浄瑠璃の伝統を受け継いだ人形劇フェスタでも知られている。歴史文化の遺伝子が脈々とこの信濃の小都市に息づいている、市街地でも外堀などの歴史的な遺構が残されていたりして、歩いてみると見つけられる。

周辺の地域には農村的な景観に古い学校、寺社、古墳や遺跡や山城の跡が残されている。座光寺地区という田園風景が拡がり、元善光寺や周辺の麻績神社などを訪ねるツアーもある。中世の山城跡や元善光寺や麻績神社は、長野県の文化財に指定されている。旧座光寺麻績学校校舎や竹田扇之助記念国際糸繰り人形館などもある。その他古墳が道の脇に何気なく残っていたり、河川工事の遺構が残っていたりと歴史的な遺物、遺跡に事欠かない。歴史を活かしたまちづくりの中心的な役割を担うのは、地元ではあるが、地区として歴史的な遺跡や史跡、建造物をどのように活かしていくかについてはこれからである。そして、地元の住民組織が熱心に取り組んでいることから、成果は時間と共に現れて来ると考えられる。

## 2. 遺跡と森林管理

旧福岡町には遺跡や古墳が丘陵部に連なり群集している。遺跡のあるところの近くに居住地があるとすると、小矢部川からも少し離れたところで洪水の危険も少ないところである。今もそこに集落を形成していることから太古から住みやすいところであったのであろう。丘陵部の森林、そして平野が一体となって良好な居住条件を造り上げてきた。遺跡にある場所の近くにはかつては鉱泉宿などもあり憩いの場所でもあった。

西山歴史街道近辺には、遺跡と里山が混在している。遺跡や古墳に目を向けることが、すなわちその周辺の森林に目を向けることになる。眺望の良さをさらに拡張しようとすると周辺の森林をある程度刈り込む必要があり、また美観としても良好な森林の育成が求められる。そういう視点からは遺跡と地域の森林管理との関連が重要になってくるだろう。丘陵部は里山と呼ばれ、里の人が常に出入りした森である。たとえば森林から用材を切り出し、下草を刈り肥料などに活用し、薪を拾い、炭を造り、山菜を採取するために山に入っていた。人と森と遺跡の3つの関わりに歴史や地域の人の生活がある。そこに住む人の暮らしは昨日今日急に出来上がったものではなく、古くからの先祖の叡智や営為によって築かれたものである。米作りも背後の森林との関係を抜きには継続できない。森林あっての米作りではなかったか。肥料や水、様々な副食の食料もそこから調達したのである。

豊かな村の成立には豊かな里山がある。そしてその中に古代遺跡や遠い祖先の墓のあることを知りながら森とつきあうのである。山を使うという意味では1960年代以降の燃料革命を境にして身近な里山とのつきあいは遠くなってきた。そもそも所有者の境界が不明確になり、作業のための道や人が入った道も明確でなくなってきた。現在、森は以前に比べて荒れるに任せている。人が入らないことが原因である。どういう形であれ、森に人が入り森を使うことが重要である。遺跡があることを認識するにも、人が入らないとわからない。

また、近年里山で問題になっているのが竹林である。元々江戸時代に移植された孟宗竹は古くからあるような植生のように里山を席巻している。きれいに育林された竹林は美的にも優れているが、無造作に繁茂して折れたり枯れたりした竹が藪のようになっているところは景観としてもよくない。さらには、手入れをしないそういうところでは、タケノコもおいしくないという。孟宗竹はタケノコの生産にはいいが、繁茂しすぎは決して森林にはいいとはいえない。適当に竹を刈り込み適正な繁茂の状態を保つことが大切である。おいしい山菜資源として活用しながら、森林と遺跡を保全するという方向が取られるべきである。

### 3. 歴史と文化とまちづくり

①体験観光と遺跡

知的な興味と地域への関心を高める素材の一つが考古遺跡や考古遺物である。基本的に「もの」であり「生活」の跡であり、明確に人が関わったことがわかる。そして、そこに生活していたことが残されるものである。さらに、信仰や心の在り方までが伺えるのであるから奥行きも深い。「日本全国見物できる古代遺跡100」を文春新書も平成17年7月に発売している。見学に訪れてみたい観光資源として、遺跡がある。

考古遺跡の発掘は、出土したものも含めてきわめて大きなニュース性を持っている。三内丸山遺跡、岩宿遺跡、鳥浜貝塚、明日香の遺跡、吉野ケ里遺跡など観光地となっているものも多い。著名なところでは博物館と資料館、さらには現物の復元模型などが造られているため見学しやすい。三内丸山遺跡などはスポーツ競技施設などスタジアム整備中に遺跡が発掘されて、途中から遺跡の価値と関心が高まり遺跡公園になっていった。資料館での発掘物の展示もいいが、道路整備などで遺跡が出土してもそのまま埋め戻されて整地される例が多く、遺跡の場所を示す表示や資料館の案内は不可欠であろう。

体験観光は新しい観光の流れである。観光白書などにおいても文化観光、グリーンツーリズムなどに代表される農林漁業観光、交流のイベントなどへの指向が強くなってきている。知的な関心を満足させて新しい観光資源として「遺跡」がクローズアップされることは望ましいことであろう。もちろんその前提として遺跡の保全が出来てからの話である。

体験ということでは、遺跡の発掘も観光というより体験交流活動ととらえて活動に参画してもらうことも考えられる。人を選びつつ講座を開き、解説して基礎知識と技術を教えつつ発掘に参加する。それは得難い体験になるだろう。滞在については、期間と内容を決めてから募集に入るなど検討していく必要があろう。

②縄文の味わい

さて、長野県のおやきはここ20年ぐらいで全国に知られる特産物となった。小麦粉の皮に野沢菜や山菜などの具材を詰めて焼いた素朴なものである。おやきの名前を広く全国に知らしめているのは、企業としての「縄文おやき村」である。

長野市と白馬村との中間に位置する小川村は、典型的な山間地の村である。会社は、第三セクターの村おこし企業として創業され、当時、むらおこし企業として1億円の売り上げを上げて一躍有名になった。元々米があまりとれない長野県では、そばや小麦は主食である。その一つがおやきである。ほかにもいくつかのおやき製造所はあるが、小川村といえば縄文おやきが有名である。

小川村によると昭和55年から4ヶ年にわたって筏遺跡の発掘調査を行なって多数の石器、土器、土偶、やじりのほか住居跡の確認がされた。年代は紀元前5千年の縄文時代中期とされている。縄文おやきの名は、縄文時代のゆかりと縄文時代以来囲炉裏で焼いているというイメージを融合したのであろう。縄文おやきの味はといえば、甘くはなく、野菜とご飯をいっしょに食べているような感覚である。

ここの成功の秘訣を聞こうと行政視察も多い。何度かおじゃましたことがあるが、なんと云っても強烈に印象に残っているのは山の中腹の急傾斜地に縄文人の館を再現し、竪穴住居内のいろりの火を囲んで焼きたてを食べたことである。ここで食べたのと、販売所で買って食べたのでは味わいが違う。竪穴住居で食べる印象が強くて、焼き場を見ないで食べると何か足りないと思ったぐらいである。古代を味わうというよりも、古代の生活の現場の復元が一層風味を増す素である。

③ガイドのありがたさ

各地を巡ると、解説者の有り難さを実感することが多い。遺跡や考古遺物を見るだけでも感動ものだが、それを解説してわかりやすく身近にしてもらえる案内者の存在も貴重である。まさに「良い先達はあらまほしきことなり」である。

たまたま法隆寺を家族で訪れた時のボランティアガイドさんの行動や解説がきわめて印象に残った。後で理解するのだが、実は陥りやすい落とし穴がある。法隆寺のようなところは、あまりにも著名で知っていると思いながら入るのであるが、その実きちんとした見所や見方などをわからないまま、ただ見つめているだけなのである。なにがどうなって、こうなっているのかもわからない。知ることが、次の行動や興味をかき立てるような方向で動いていくことが本当の「知る」ということである。ここではガイドさんからそれを教えられた。

最近は中学生の修学旅行が多様化して、以前のように奈良、京都に必ず行くこともないようだ。奈良、京都を知らないで社会に出る人も多いのではないかと思う。奈良は、ある程度寺社の集積があるので集中して廻りやすい。しかし、反面、たくさん廻ることに重点を置くと仏像や史跡を見ても、思い出すのは奈良公園の鹿だったという思いがこれまであり、何か印象に残る見学はできないものかと思案していた。

話が少しそれたが、法隆寺の門前参道のところに法隆寺Ｉセンターというのがあった。たまたまトイレで立ち寄ったところ、「ボランティアガイド無料です」という張り紙があり、ここのガイドさんからもお気軽にどうぞと云われた。あまり考えもしないで時間にも余裕があったのでガイドをお願いした。

２人から６名まで引き受けるという。Ｔさんはガイド仲間で製作した独自の資料とセンター内の解説パネルを基に、法隆寺の位置と方向、地域の古代史と法隆寺について簡単に講義した。その後、外に出て歩きながら参道、そして門前まで丁寧に解説しながら進んだ。時折、かばんの中から伽藍図や図表、そして自ら別の時期に撮影した写真が出て来る。懐中電灯を持参されていたが、最初はこの用途がわからなかった。拝観料を払い中に入る。有名な五重塔の細かい飾り、金堂の釈迦三尊像や堂内での説明の時に懐中電灯があてられた。外が明るくて中は暗いためにぼやっとしてよく見えない。光を当てながら仏像の特徴や壁画、廻りなど克明に写し出ている。これは光がなければまったくわからない。本物が見られるかどうかは、懐中電灯で決まる。さらに、宝物を納めてある近年整備された大宝蔵院でも、玉虫厨子に1枚だけ残る青光する羽根も光を当てて初めてわかる。

決められた時間であるので一律ではなく重点を置いて解説し、現存したものと昔との違い、公開日の決まっている秘仏では、以前撮った写真でこうなっていると説明がある。ガイドさんいわく「私が解説して見た方が絶対お得」は間違いない。にわかに法隆寺に詳しくなり、知的なエンターティメントとして楽しめた。これは遺跡などでも応用が可能な話である。

④地名は財産である

金沢市では、全国で初めての地名、町名の復活を行なっている。平成17年8月現在で6町復活している。さらに金沢を含めて全国的に増えるものと予想される。

金沢市では旧町名復活の推進に関する条例を制定するとともに、街並み保存修景事業などに取り組んでいる。また、旧町名の復活を成し遂げられた区域の人々が他の区域で、これから復活していこうという方々を助けて、より一層の旧町名の復活を推進するため、金沢市旧町名復活推進協議会も組織されている。

たぶん、街並み景観を直したところで、そういえばここは何とか何丁目ではなく旧何々町ではなかったかと町民が思いやる。その方が風情や情緒を醸し、街並みにもふさわしいものだ。そして旧の名前に戻すとすっきりする。町名も立派な文化遺産であると認められているのである。町名、地名は地域の特性を表わしている。確かに古くからの城下町で、戦災や大きな災害の無かった金沢市街地中心部では、くくりの大きな町名は町の特性を表現するのには不足である。

市町村合併で由緒ある町村名が無くなり、新しく出来た名前にどうにも親しみがもてないものが見られる。旧の郡名でも、旧国名でもなく便宜的に付けられているようなものもある。時代の流れが合併を促進している中で、小さくてもキラリと光る土地の名前は残していきたいものである。

金沢市では、伝統環境の保存及び美しい景観形成のための条例で良好な都市景観の形成を図ってきた。具体的には、区域の設定、景観形成基準の提示、眺望景観の保全、保存対象物の保存などが行なわれてきた。開発による景観破壊を未然に防いできた。それから良好な景観の街並みのある裏通りなどのちょっと良い街並みのところでは、まちなみ保存、その他用水、斜面、寺社の景観保全、さらに風致地区設定から広告物規制、都市美文化賞の設定に至るまで様々な景観形成づくりを行なってきた。

こうした試みは、観光都市として観光客に受け入れられよいイメージ形成に大きな役割を果たすだけでなく、市民を巻き込んでの良好な居住環境づくりにもつながっている。市民が景観や街並みに誇りと自信を持って生活するところにこそ、外からも人が訪れるのではないか。

⑤見えるモノからの歴史の発掘

京都府宮津市の天橋立というと、宮津湾と熊野海を隔てている砂州に松が茂っている、日本三景の一つである。この日本的な景勝の地を訪れた際に、朝の散歩で不思議な光景が目に入った。

文殊堂の門前町には旅館と土産物街から小島が二つあって、そこをつなぐ橋から対岸に向けて歩いていける。文殊堂、土産物街、対岸の傘松の股のぞきまでケーブルカーで行くという、定番のコースである。旅館街から砂州部分へ行く最初の橋の橋脚部分に軸があって、そこが合図と共に回転し、比較的大型の運搬船が通る。狭い水路で水深も深くないので航行は慎重だ。

時間帯によっては頻繁に通る。載せているのは赤い土である。地元の人の話では、ニッケル鉱石だという。運びこんでいるのは製錬所で、それは旧岩滝町に近い宮津市の阿蘇海沿いの奥まったところにある。その鉱石は南太平洋に浮かぶ、ニューカレドニアから持ってきたもので、持ってきた船は宮津湾に停泊して、そこから小型運搬船が結ぶ。ちなみに元々様々な金属が採掘されていた大江山に戦前、大量のニッケルが見つかり、兵器に使うために大量に掘られたという。運搬する鉄道も鉱山が持ち主となった。戦後はニッケルの採掘と移送が出来なくなり、外から原材料を入れてきた。今は、その精錬技術と設備を使って、純度の高い安価な鉱石をニューカレドニアから入れている。日本は鉱石の最も大きな輸出先である。このあたりのことは市の観光のホームページをみても、さらに企業名も工場近くを走っていてもわからない。運搬船が行き交うので不思議に思い、地元の人に聞いたのがきっかけである。

ちなみに舞鶴税関支所宮津出張所によると昭和63年以来ニッケル鉱石と燃料の石炭が輸出品目で1位と2位を占める。会社が日本冶金工業（株）に合併され、さらに製造工場だけが分社化して、事業所はYAKIN大江山となっている。ニッケル（Nickel）は、金属元素の一つで鉄と合金となりステンレスとして、日常様々な品目に使われている。

景色と運搬船は無理なく調和していて違和感は無く、天橋立とニューカレドニアが企業を通じてつながるのである。現実に見えるモノと背景を探ることによって見える歴史がある。

⑥城下町を活かすために

何度も足を運んでいる鳥取市であるが、城があるのは知っていたものの城下町であることを気にしてなかった。何かきっかけとなるものが必要なのだ。

鳥取市は、江戸初期に池田光政が鳥取入城して以来の城下町であり、鳥取県域と分家を含めた池田氏の藩領は一致している。鳥取城は市街地北の山麓、山上に拡がり、現在は石累、石垣が残っている。城付近から東側にかけて寺院が残っているものの、市街地には旧家旧跡や古い街並みが見られない。この訳は戦災ではなく、昭和18年大地震との昭和27年の大火である。特に鳥取大火は同年4月にフェーン現象の中で出火、市街地を中心に約120万平方メートルを焼失した。死者3人を含め死傷者は約4千人、被害総額は200億円にも上ったという。また、昭和40年代にも市街地では比較的規模の大きな火災があったという。

市街地の状況は新しいのだが、根っこにあるまちづくりの根幹は城下町である。それを市民レベルで啓発しながら見直す運動を進めているグループがあった。「城下町の風情を生かす会」である。城下町の街並みが残ってなくとも住民の中に「とっとり風情」という「心の城下町」を造ろうとしているのである。

近頃、イベントとして市民や大学などを巻き込んでのイベントを実施しており、城下町を語るフォーラム、残されたお城の堀のライトアップ、古寺の庭園を借景としたコンサートである。建物が残る町であればイベント会場にも事欠かないが、限られた場所をうまく活かして取り組んでいる。紅茶など地元の商品づくりで城下町ブランドの開発も進めている。

住民気質もゆったりとしており、産物に恵まれたまさにスローライフを体現するのにふさわしいところである。この風土と城下町の風情がミックスされて、そこから新しく創り出されるものが魅力的なものになることを願いたい。古いものを残しつつ、新しいものにも風情をもたせる手法である。

### 4. 遺跡を活かしたまちづくり

①遺跡を認識すること—まとめとして

福岡町はなんとなく気になるところである。こじんまりした町域であるが、丘陵部と平野部に削り取ったようにきちんとわけられている。古くからの街道がこの丘陵部と平野との縁に形成されていたことを考えると蛇行と洪水を繰り返してきた小矢部川の活発な河川活動の軌跡がしのばれる。

平野部には有名な木舟城跡など中世の城跡があり、小矢部川の左岸から丘陵地帯には遺跡、史跡も多い。平野部や山麓部の地名も京都にあるような地名が見られる上に、雅楽も伝えられている。

以前伺ったことのある、福岡町で最も標高の高いところに位置している沢川地区の独特の集落景観も関心を引いた。また、丘陵部の頂上から望む立山連峰や、飛越の山並みのすばらしさも何度も味わっている。そういう意味では遺跡や旧跡など文化財など、古くからのものを活用してまちづくりを進めていくための環境としては好適なところである。

この丘陵部が西山歴史街道として位置づけられて、古墳などの遺跡群を活用してその保全と活用を盛り込んでいく「西山丘陵整備基本構想」が策定されている。合併で高岡市になっても、両市町に共通する遺産として大切に守り育てられていくと考えられる。西山丘陵地域は、これまであまりスポットが当てられていなかったところであり、こういう価値のあるものがあるのだと認識してもらうよい機会である。

今回の展示及びフォーラムの主たる目的は、町の成立と古代からの土地の在り方を見つめ直すことにあると考えられる。太古からの先人が関わってきた歴史が、現代につながっていることを認識する機会は以外と少ない。歴史といっても明治大正時代であれば、祖父母が伝えてくれる伝承があったりしてなんとなく身近に感じるかもしれないが、それ以前になると教科書の歴史の世界である。ましてや古代ともなると、興味や関心を持って求めないと自分とのつながりが見えて来にくい。

今回の事業は、太古の祖先達の暮らしぶりを復元することで自然に思いをはせることになる。教科書や副読本で学んだだけでなく、地域社会として脈々と受け継がれる「宝物」があることを知るのである。

これまで例えば古墳や中世城跡などは近くにあり、知ってはいてもことさらに認識しないままに過ぎてきた。そういう遺跡について想いを寄せたことになる。こういう機会とはどのように位置づけられるかといえば、「改めて知る」ためのチャンスである。既知ではあってもよくは知らない、それを改めて知る機会である。知ることによって、自分の住んでいる土地に対する興味や関心が高まる。それがさらに自信や行動となってあらわれていくとなお良い。

「百聞は一見に如かず」の通りで、ワークショップと遺物展示では、モノとして体験と実物に触れることで関心を高めている。遺物展示では過去に発掘されて、里帰りされてなかった遺物の公開も行なわれている。そのあたりが目玉でもあるようである。

歴史に興味をもってもらうためには「やさしくてかつ身近に」が重要である。どんなに高尚なものでも、つながりを見つけないとただ驚きだけになる。

また、専門的な内容が多い場合にも関心を高めつつ、きちんと興味を継続できるようにやさしい用語解説なども施されている。内容は高度でも正確に伝えることの工夫が行なわれている。

そして、城ヶ平横穴墓群の意味である。現物を見ると内部の構造もきわめて精緻に造られており、出土品の美的な感覚と合わせて、これだけのものが造られた背景や技術そして埋葬する側の心構えも伝わってくる。先人の生き様や息吹きも伝わればと思う。

フォーラムのシンポジウムでは専門家による総括と現在と未来へ向けての意見や提案が出されていた。これは全体の総括であり、その後のとりまとめと整理を行なうことで、今後の遺跡の保全活用とまちづくりの方向性との関わりも出てくる。

今後、福岡町で行なわれてきた遺跡の保全と活用をテーマとする学習活動の蓄積が丘陵部全体の地域で共有化され活用されることを願っている。

# 編集後記

今回のフォーラムは、全国的な視点でみれば極めて小地域の文化財を取り上げている。このため、企画段階で注意を払ったのは、フォーラムそのものが矮小なものに収まって一般化することができなくなることであった。どういう手を打てばよいか？ その1点について熟慮を重ねた結果が、フォーラム・遺物展示・ワークショップの3ユニット構成である。早い話が「3本の矢」である。

さて、その結末はといえばフォーラムで160名、遺物展示で950名、ワークショップで100名余りの来場者を迎えることができた。(動員無！) 古墳というとっつきにくい素材をテーマに据えたにしては、上出来であろう。

古墳についての大局的な見地から「文化財を活かしたまちづくり」という趣旨をうまく誘導していただいた広瀬和雄先生。古墳関係の時事ネタとしては、最も旬なキトラ古墳の石室内を撮影した実物大パネルを全国に先駆けて借用する労をとっていただき、当事者でしか知りえない撮影時の秘話をお話し頂いた井上直夫さん。文化財関係者とは一歩引いた視点で文化財とまちづくりの関係をお話しいただいた谷本亙さん。臨場感を出すために、現地に足を運んで映像による遺跡紹介をしていただいた西井龍儀さん。それぞれの先生方には、無理にお願いして、本書のために書き下ろした原稿も頂いてしまった。感謝し尽くせない恩義を感じている。

本書は、これまでの考古学リーダーとは色合いが異なり、これで読者を獲得できるかという不安もある。だが、近年の文化財行政の流れをみると、文化財がまちづくりの根幹のひとつに位置づけされつつあることを感じている。この点で、本書は時流をうまくとらえたものと開き直ることができよう。

最後に、このような形で本書を世に送り出すことができたのは、六一書房の八木環一さんのおかげである。前著では3冊目にタスキを繋ぐことができるかどうか心配していたが、その後立て続けに出版を重ねられ、2年余りの間にシリーズの8冊目。無駄な仕事ではなかったことを実感でき胸を撫で下ろしている。もちろん、それらは六一書房さんの営業の賜物であることは記しておかなければならない。今回もよろしくお願いします。(2005.12.22 栗山)

考古学リーダー 8
黄泉之国 再見 ～西山古墳街道～

2006年11月5日　初版発行

監　　修　広　瀬　和　雄
編　　者　栗　山　雅　夫
発 行 者　八　木　環　一
発 行 所　有限会社 六一書房　http://www.book61.co.jp
〒101-0064　東京都千代田区猿楽町 1-7-1　高橋ビル 1 階
電話 03-5281-6161　FAX 03-5281-6160　振替 00160-7-35346

印刷・製本　株式会社　三陽社

ISBN 4-947743-44-1 C3321　Printed in Japan

## 『考古学リーダー』発刊にあたって

六一書房を始めて18年が経った。安斎正人先生にお願いして『無文字社会の考古学』の新装版を出させていただいてから７年になった。これが最初の出版であった。

思えば六一書房の仕事は文字通り、「隙間産業」であったかも知れない。最初から商業ベースに乗らない本や資料集ばかりを集め、それを売ることに固執した。今、研究者が何を求め、我々に何を要求しているのかを常に考えた。「本を売るのではない、情報を売るのだ。そうすれば本は売れる。」と口ぐせのように言ってきた。

六一書房に頼めばこの本を探してくれるかも知れないと、問い合わせが入るようになった。必死で探した。それが情報源となり、時にはそのなかからベストセラーも生まれた。研究会や学会の方からも声がかかるようになった。循環路ができ、毛細血管のような情報回路が出来てきた。

本を売ることに少しだけ余裕が出来てきたら、本を作りたくなった。そしてふだん自分達が売っている本を自分で作ってもいいじゃないかと考えてみた。時には著者に迷惑をかけながらも、本を出してみた。数えたら、もう10冊を越えていた。

今回、本書の出版準備を進めていくなかで、シンポジウムを本にまとめあげていただいた西相模考古学研究会の伊丹さんと立花さんの情熱に感心しているうちに『叢書』を作りたいという以前からの思いが頭に浮かんできた。最前線で活動している研究者の情熱を伝えてこそ、生きた情報であり、今までそうした本を一生懸命売ってきたのだから、今度はそういう『叢書』を作ろうと思った。伊丹さんに相談したら、思いを理解していただき、『考古学リーダー』という命名までしていただいた。

世に良書を問うというのは出版する者の責務であるが、独自な視点を堅持してゆきたいと思う。多くの方々の助言、苦言を受けながら頑張ってゆきたい。皆さんにおもしろい、元気のでる企画をお持ちいただけたら幸せである。

2002年11月

六一書房　　八木 環一

考古学リーダー２

# 戦　国　の　終　焉

## ～よみがえる　天正の世の　いくさびと～

**千田嘉博 監修**

**木舟城シンポジウム実行委員会 編**

2004年２月16日発行／Ａ５判／197頁／本体2500円＋税

木舟城シンポジウム開催記録

木舟城シンポジウム実行委員会・福岡町教育委員会主催　2002年11月30日

―― 目　次 ――



**推薦します**

本書は、北陸・富山県のある小さな町、福岡町から全国発信する大きな企画、木舟城シンポジウムを収録したものである。考古学・城郭史・地震研究の研究者が集まった学際的研究としてももちろん評価できるが、このシンポジウムの対象を、歴史に興味を持ちはじめた中高生などの初心者から研究者さらには上級者まで観客にしたいと欲張り、それを実現した点も高く評価できる。いかに多様な読者に高度な学術研究を理解させるかということに最大限の努力の跡が見える。「21世紀の城郭シンポジウムはこれだ！」といった第一印象である。

中央大学文学部教授　**前川　要**

*Archaeological L & Reader Vol. 2*

**六一書房**

―― 目　次 ――

考古学リーダー５

# 南関東の弥生土器

## シンポジウム 南関東の弥生土器 実行委員会 編

2005年７月10日発行／Ａ５判／240頁／本体3000円＋税

シンポジウム　南関東の弥生土器　開催記録

シンポジウム 南関東の弥生土器 実行委員会 主催
2004年９月25・26日

── 目　次 ──



### 推薦します

1970年代から90年代にかけて、それまでの弥生土器の研究に飽き足らない日本各地の若手研究者が、詳細な土器編年や地域色の研究に沈潜していった。南関東地方でも、たとえばそれは弥生後期の久ヶ原式や弥生町式土器編年の矛盾の指摘などとして展開した。本書は南関東地方弥生中・後期土器に対する共同討議の記録集であり、中堅の研究者が10年以上にわたって取り組んできた、実証的な研究の到達点を示すものである。パネラーの中には若手の研究者もいる。世代をついで土器研究の成果が継承され、さらに研究が新たな方向へと向かうための導きの一書といえよう。

駒澤大学文学部助教授　設 楽 博 巳

*Archaeological L & Reader Vol. 5*

六一書房

考古学リーダー7

# 十 三 湊 遺 跡

## ～国史跡指定記念フォーラム～

**前川 要　　十三湊フォーラム実行委員会　編**

2006年９月15日発行／A5 判／292頁／本体3300円＋税

2005年11月20日に行われたシンポジウム「十三湊遺跡／国史跡指定記念　十三湊フォーラム」の記録。３編の特別寄稿と「十三湊遺跡の基準資料と一括資料」を加え、中世の港湾都市『十三湊』の全貌を明らかにする。

―― 目　次 ――



### 推薦します

私が十三湊を初めて訪れたのは、1982 年９月下旬、中世東国史研究会合宿の時であった。広大な砂丘一面に月見草が咲き誇り、そのあちこちに黒い珠洲焼きの破片が散乱していた。月丘夢二の歌を口すさみながら、往事の港町の繁栄を想像しながらそぞろ歩きを楽しんだ。その話を電車の中でしていたら、あんなところ、何がいいのだ、自分はその故郷を捨てた人間で、いまでも冬の海鳴りの悪夢にさいなまれると、見知らぬ乗客の一人が言った。繁栄した港町と落魄した寒村の印象があまりにも対照的であった。

その後、発掘調査が進み、国指定遺跡となり、繁栄の港町が蘇ってきた。本書は考古・文献の最先端の研究を網羅している。十五世紀の後半に十三湊はなぜ廃絶したのか。本書では、安藤氏の退去以外に、砂洲の形成といった自然環境の変化を考慮すべきだと主張する。私は、それに加えて 15 世紀後半の荘園公領制のシステム転換、流通構造の変容を考えたい。本書は到達点であるとともに、その出発点になると思う。一読をお勧めしたい。

東京都立大学名誉教授　**峰 岸 純 夫**

*Archaeological L & Reader Vol. 7*

六一書房